BENOÎT XVI

Le dernier pape européen

DU MÊME AUTEUR

Les Giscardiens (avec Christian Sauvage), Albin Michel, 1977.

L'Après-Communisme de l'Atlantique à l'Oural (avec Jacques Lesourne), Robert Laffont, 1990.

La vérité l'emportera toujours sur le mensonge (Comment le pape a vaincu le communisme), JC Lattès, 1991.

Le Bunker (Vingt ans de relations franco-soviétiques), JC Lattès, 1993.

Nadia (roman), Editions du Rocher, 1994.

Le Vatican et la politique européenne (ouvrage collectif sous la direction de Joël-Benoît d'Onorio), Mame, 1994.

Revue de presse (roman), JC Lattès, 1997.

Dictionnaire politique du XXe siècle (avec Patrick Ulanowska), Le Pré aux Clercs, 2000.

Histoire illustrée de la Droite française, Le Pré aux Clercs, 2002.

Jean-Paul II, Gallimard, « Biographies », 2003 ; « Folio », 2006.

La Bourgogne, quelle histoire ! (avec Jean-Louis Thouard), Editions de Bourgogne, 2004.

Aux Bourguignons qui croient au Ciel et à ceux qui n'y croient pas (entretien avec Mgr Roland Minnerath), Editions de Bourgogne, 2005.

Bernard Lecomte

BENOÎT XVI

Le dernier pape européen

PERRIN
www.editions-perrin.fr

Introduction

Benoît, patron de l'Europe

— Acceptez-vous votre élection canonique comme souverain pontife ?

— Obéissant au Saint-Esprit et au vote des cardinaux, je réponds oui.

— De quel nom voulez-vous être appelé ?

— *Benoît XVI.*

Il est 17 h 49, ce mardi 19 avril 2005. Dans la chapelle Sixtine, les applaudissements éclatent. A l'extérieur, le monde ne sait pas encore qu'un nouveau pape vient d'être élu, qu'il s'agit du cardinal Joseph Ratzinger, et qu'il a décidé de s'appeler « Benoît XVI ».

Voici le premier mystère du pontificat. Pourquoi pas « Jean-Paul III » ? En octobre 1978, le cardinal Karol Wojtyla avait marqué sa continuité avec les trois pontifes précédents – Jean XXIII, Paul VI et Jean-Paul Ier – en décidant de s'appeler « Jean-Paul II ». Pourquoi le cardinal Ratzinger, qui fut le conseiller et l'ami du pape polonais, dont nul ne doute qu'il va revendiquer l'héritage et perpétuer l'enseignement, n'a-t-il pas pérennisé son prénom ? « Nous avons été surpris qu'il ne le fasse pas », a confié au journal *Le Monde* le cardinal Jean-Marie Lustiger, qui le connaît bien[1]*. Sans doute l'extraordinaire mouvement de

---

* On trouvera les notes à la fin du livre, p. 149.

compassion et de respect ayant accompagné la disparition de son prédécesseur, qui a impressionné tous les responsables de l'Eglise et conforté les partisans de sa béatification prochaine, a-t-il dissuadé l'élu du conclave de reprendre le nom du « grand pape » Jean-Paul II, comme il le qualifie lui-même dès ses premières paroles prononcées depuis la loggia des Bénédictions.

Le 265ᵉ pape de l'Histoire aurait pu s'arrêter sur un tout autre prénom. La tradition est, sur ce point, d'une grande souplesse : les grandes lignées de papes, comme les Jean ou les Grégoire, marquent l'enracinement dans une tradition deux fois millénaire ; les saints de la région d'origine – en l'occurrence Boniface, Corbinien, Oswald ou Rupert, particulièrement vénérés au sud de l'Allemagne – indiquent un ancrage presque stratégique ; les saints qui comptent dans un parcours intellectuel, comme Augustin ou Bonaventure pour lui, donnent une première direction idéologique. Il aurait pu aussi préférer son propre prénom, Joseph, à la façon des papes des premiers siècles. Il a choisi Benoît.

Pourquoi ? Ce mystère-là a été vite levé par les commentateurs puis par le nouveau pape en personne. Ce nom rappelle d'abord Benoît XV, élu au moment même où éclatait le conflit entre la France et l'Allemagne, en 1914. L'ex-cardinal Della Chiesa avait adopté une position de neutralité qui lui valut les sarcasmes des uns et des autres : l'homme qui dénonça l'« horrible boucherie qui déshonore l'Europe » se fit même traiter de « pape boche » par Clemenceau et de « pape français » par Ludendorff. Lors de sa première audience générale, Benoît XVI évoque la mémoire de ce « courageux et authentique prophète de paix », et exprime son désir de se mettre « au service de la réconciliation et de l'harmonie entre les hommes et les peuples ». Qu'un pape allemand s'inscrive dans cette perspective n'est pas sans signification.

Mais c'est surtout au grand saint Benoît – Benoît de

Nursie – que pensait le cardinal Ratzinger lors de son élection. Certes, la figure du fondateur de la règle bénédictine au VIᵉ siècle évoque aussi le pacifisme, puisque sa devise était « *Pax* » (la paix). Mais il est avant tout, aux yeux du nouveau pape, le saint patron de l'Europe[2]. Sans le rayonnement de saint Benoît, l'Europe n'eût connu ni saint Bernard ni saint Boniface. Lors de l'audience du 27 avril, Benoît XVI a lui-même souligné que Benoît de Nursie a « exercé une influence énorme dans la diffusion du christianisme dans tout le continent européen », qu'il était pour cela « très vénéré en Allemagne et particulièrement en Bavière », qu'il « constituait un point de référence fondamental pour l'unité de l'Europe » et « un rappel fort des racines chrétiennes de la culture et de la civilisation européennes ».

Coïncidence, la veille du décès de Jean-Paul II, deux semaines auparavant, le cardinal Ratzinger participait à un colloque à Subiaco, non loin de Rome. C'est là que le jeune Benoît de Nursie vécut, dans une grotte devenue célèbre, avant d'aller fonder le monastère du Mont-Cassin et de publier sa fameuse règle. Lors de ce séminaire, Joseph Ratzinger reçut le « prix Saint-Benoît pour la promotion de la famille en Europe ». Ce fut le prétexte d'un discours aux accents inquiets, presque dramatiques, sur la crise culturelle et identitaire du vieux continent[3]. Chez le pape allemand, le nom de Benoît suscite depuis longtemps une immense nostalgie. Il évoque l'homme qui, dans une Europe que les invasions barbares ont plongée dans l'anarchie et la confusion, a redonné à ce continent sa cohérence spirituelle et religieuse.

Par le choix de son prénom, Benoît XVI a livré la clef de son pontificat.

CHAPITRE 1

La Bavière profonde

« Où se trouve ma vraie patrie, je ne saurais le dire avec précision... » Cet aveu de Joseph Ratzinger, dans ses mémoires[1], ne doit pas être pris à la lettre. Certes, le futur pape n'a pas de racines locales précises au sens où son prédécesseur Karol Wojtyla, par exemple, était originaire de Wadowice, une petite ville du sud de la Pologne où il vécut de sa naissance (en 1920) à son baccalauréat (en 1938). Le petit Joseph, lui, en dix ans, a habité successivement dans quatre villages dont aucun ne peut se prévaloir de l'avoir vu grandir. Aujourd'hui, le pape allemand confie « n'avoir plus aucun souvenir de [son] lieu de naissance[2] », au risque de contrarier les prétentions touristiques et commerciales des habitants de Marktl-am-Inn, le village où il est né : le musée local y conserve pieusement les fonts baptismaux sur lesquels fut baptisé le petit Joseph, et les commerçants y vendent avec délectation du pain « du Vatican » *(Vatikanbrot)*, des saucisses « Ratzinger » *(Ratzingerbratwurst)* arrosées d'une bière « papale » *(Marktler Papstbier)* et des gâteaux « Benoît XVI » *(Benedikttorte)* !

Dépourvu d'un « lieu de naissance » *(Heimat)* clairement identifié en dehors de sa maison natale, Benoît XVI a néanmoins une « patrie » *(Vaterland)*, un pays d'origine, avec un passé et une culture, à qui il doit la plupart de ses souvenirs et dont il ne s'est jamais vraiment détaché : la Bavière.

11

Quand les médias du monde entier ont annoncé l'élection du nouveau pape, le 19 avril 2005, ils ont tous souligné que Ratzinger était allemand. Ils auraient dû préciser qu'il était d'abord bavarois.

Une naissance au centre de l'Europe

La Bavière, deux mille ans d'histoire. Beaucoup plus que l'Allemagne, dont l'unité date d'un siècle et demi. Encore est-ce le ralliement de la Bavière à la Prusse, en 1871, qui provoqua cette unité tardive. Si elle est devenue, aujourd'hui, un *Land* comme les autres, la Bavière n'en a pas moins gardé une culture, un parler et des coutumes propres. Elle a toujours manifesté une farouche tendance à se distinguer du reste de l'Allemagne. Sur le plan religieux, par exemple, elle est fière d'avoir été la seule région germanique à ne pas succomber, au XVIᵉ siècle, aux sirènes de la Réforme. A maintes reprises – on l'a encore constaté lors des élections générales de l'automne 2005 –, les Bavarois ont montré qu'ils ne jouaient pas forcément le jeu des partis politiques allemands traditionnels, et qu'ils n'entendaient pas davantage dépendre des ex-Allemands de l'Est que naguère des Saxons ou des Prussiens.

C'est dans cette Bavière autonome et ultracatholique que le petit Joseph Ratzinger a grandi, au rythme des déménagements de son gendarme de père. C'est là qu'il s'est forgé un caractère, qu'il a mené ses études, a acquis une culture et décidé de sa vocation. C'est là qu'il a connu les aléas et les drames de la guerre. C'est là, plus tard, qu'il deviendra archevêque : il exercera cet unique mandat pastoral dans sa région d'origine, ce qui n'est pas dans la tradition de l'Eglise catholique. Clin d'œil de l'Histoire : un cas semblable se produira approximativement à la même époque, à six cents kilomètres de là, quand un certain abbé Wojtyla sera nommé évêque, puis archevêque de Cracovie...

Encore faut-il préciser que la Bavière de Joseph Ratzinger a peu à voir avec la Franconie (Nuremberg), la Souabe (Augsbourg) ou le Haut-Palatinat (Ratisbonne), qui en sont pourtant les composantes : le territoire où le pape a ses racines est la Bavière historique, la Bavière profonde. Marktl-am-Inn, Tittmoning, Aschau-am-Inn et Traunstein, les quatre adresses successives du petit Joseph, sont situées dans un triangle d'une quarantaine de kilomètres de côté, entre la rivière Inn, son affluent la Salzach et le lac Chiemsee. A l'ouest, au loin, la ville de Munich – ses brasseries, sa foire, sa cathédrale. Au sud, les contreforts des Alpes autrichiennes. Cette petite région, avec ses villages prospères et ses décors de carte postale, s'appelle la « Haute-Bavière » *(Oberbayern)*. Elle se situe tout en bas, à droite, sur la carte de l'Allemagne. Exactement au centre de l'Europe.

C'est d'ailleurs à l'intérieur de ce triangle géographique que se trouve le sanctuaire marial d'Altötting, où les Ratzinger sont souvent allés prier dans la basilique Sainte-Anne et vénérer la Vierge noire locale, nichée dans la célèbre chapelle de la Miséricorde. Altötting, avec ses façades pastel et ses nombreux clochers, est un peu le Lourdes bavarois. C'est un des lieux les plus chers au cœur de Benoît XVI. Dans un de ses premiers discours de pape, ce dernier appela ce sanctuaire « le cœur de la Bavière » et « un des cœurs de l'Europe »[3].

Clochers à bulbes et flèches gothiques

Le petit Joseph Alois Ratzinger est né le 16 avril 1927 à Marktl-am-Inn, une paisible bourgade aux tuiles rouges appartenant au diocèse de Passau, non loin de la frontière autrichienne. Une cité moyenne fondée au XIIIᵉ siècle, peuplée de deux mille habitants presque tous catholiques. Sur la place du Marché se tient toujours, au numéro 11, une imposante maison de neuf pièces, blanche et jaune, à large toiture en bois. Le bâtiment a été édifié au XVIIIᵉ siècle dans le style architectural typique du sud de la Bavière. C'est au premier étage qu'était situé le logement de fonction de son père, le capitaine de gendarmerie Joseph Ratzinger. C'est là, derrière la fenêtre d'angle, qu'est né le futur pape.

En face se dresse l'église Saint-Oswald, qui porte le nom d'un roi évangélisateur de l'Angleterre au VIᵉ siècle dont le culte s'est propagé, au Moyen Age, dans toute cette partie de l'Europe. Les parents Ratzinger y ont porté leur bébé emmitouflé, quelques heures après sa naissance, à l'aube, malgré le froid et la neige. A l'époque, la célébration de Pâques commençait dès le matin du samedi saint : baptiser le nouveau-né avec de l'eau bénite à cette occasion ne pouvait que lui valoir des grâces supplémentaires. « J'étais le premier baptisé de l'eau nouvelle », dira Joseph Ratzinger[4].

Issu d'une vieille famille d'agriculteurs locaux, le gendarme Ratzinger se déplaçait de poste en poste, au gré des besoins de son administration, dans cette petite région qu'il connaissait bien et où il avait rencontré, la quarantaine passée, la fille d'un artisan de Rimsting, au bord du lac Chiemsee. Maria quitta son travail de cuisinière dans les hôtels du lac, pour lui donner trois enfants : Georg, Maria et Joseph Alois. Que les deux derniers portent, tout comme leurs parents, les prénoms de *Marie* et *Joseph* en dit long sur leur attachement à la religion catholique.

Joseph n'a pas 2 ans que la famille Ratzinger doit déménager à Tittmoning, à vingt kilomètres au sud, au bord de la Salzach. L'Autriche est là, juste de l'autre côté du pont. Le bourg, dominé par une ancienne forteresse, est charmant. Dans ses souvenirs, Ratzinger explique que Tittmoning est « restée le pays des rêves de [son] enfance ».

Il se rappelle « la grand-place majestueuse avec son élégante fontaine, délimitée par la porte de Laufen et celle de Burghausen, entourée de fières maisons bourgeoises anciennes » et ces « vitrines de Noël éclairées la nuit comme une merveilleuse promesse... »[5].

A Pâques, le gamin est fasciné par l'exposition du Saint-Sépulcre entouré de fleurs et de lampes multicolores, dans l'abbatiale baroque dont une aile héberge la « garderie » où il passe ses journées, à deux pas de chez lui. C'est là qu'il aperçoit pour la première fois, à l'occasion d'une cérémonie de confirmation, le cardinal Michaël von Faulhaber, archevêque de Munich. La légende – largement perpétuée par son frère Georg – prétend que le petit Joseph aurait déclaré, en voyant la soutane rouge du prélat :

— Un jour, moi aussi, je serai cardinal !

Dans cette Bavière hérissée de clochers à bulbes et de flèches gothiques, où l'année se déroule au rythme des fêtes religieuses, où les promenades se font de chapelles en calvaires, où le maître d'école tient l'harmonium à l'église le dimanche, quoi d'étonnant à ce que les enfants de l'époque jouent à être prêtre, à mimer des processions, à confesser gravement les péchés, à distribuer pompeusement la communion ? Il n'y a aucune césure entre la société et la religion dans cette région où, contrairement au reste de l'Allemagne, on invoque naturellement Dieu pour dire « bonjour » *(Grüss Gott !)* ou « merci » *(Vergelt's Gott !)*.

L'environnement du jeune garçon à Tittmoning est particulièrement marqué par la religion, puisque le logement de fonction de son père est un ancien prieuré datant du XVIe siècle, au 39 Stadtplatz. L'appartement, à l'étage, est aussi beau qu'inconfortable : une cuisine et une salle de séjour exiguës, une ancienne salle capitulaire en guise de chambre. L'endroit convient mieux, aujourd'hui, aux bureaux de la caisse d'épargne locale !

La montée du nazisme

Fin 1932 : nouvelle affectation, nouveau déménagement. Peu de temps avant Noël, la famille Ratzinger s'installe à Aschau-am-Inn, un village de cinq cents âmes situé à une trentaine de kilomètres au nord-est, ramassé autour d'une petite église néogothique au clocher effilé. La demeure qu'un riche fermier du coin loue à la gendarmerie est spacieuse et confortable. Le logement attribué au commandant est au premier étage, avec un balcon donnant sur un jardin et un étang. Il n'y a pas de salle de bains, mais il y a l'eau courante, ce qui compense, aux yeux de la maîtresse de maison, la rusticité de l'endroit.

Préférer la campagne fut un choix très conscient de la part du père Ratzinger, que la montée du nazisme inquiétait de plus en plus. A Tittmoning, ses sentiments hostiles aux « chemises brunes » risquaient fort, tôt ou tard, de lui valoir de sérieux ennuis, peut-être de mettre brutalement fin à sa carrière. A Aschau, en revanche, la « grande Histoire » paraissait plus lointaine, et les relations entre villageois n'étaient pas encore affectées par les tensions politiques.

Sans doute, Georg (12 ans) et Maria (10 ans) ont dû défiler de temps en temps avec l'école pour la gloire de l'Allemagne nouvelle. Certes, Joseph Ratzinger se rappelle avec quelle fougue un jeune enseignant fit dresser un « arbre de vie » (en mai) et organisa une « fête du solstice » (en juin) afin de supplanter les sacro-saints rituels judéo-chrétiens peu prisés par les idéologues de l'Allemagne aryenne – sans entamer pour autant, raconte le futur pape dans ses mémoires, « le bon sens des paysans bavarois[6] ». Certes, la construction d'un phare sur une colline surplombant le village, visiblement destiné à repérer nuitamment les raids aériens de quelque armée hostile, n'a pas manqué d'intriguer les habitants d'Aschau. Mais dans l'ensemble, la vie suivait son cours, entre école et catéchisme, promenades et offices, fêtes et sacrements. Un « beau dimanche » de mars 1936, Joseph fit ainsi sa première communion avec une trentaine de petits camarades dans l'église du village[7]. Loin des grondements et des menaces de guerre qui faisaient déjà trembler toutes les chancelleries d'Europe.

Le 6 mars 1937, le gendarme Ratzinger prend sa retraite. A 60 ans tout juste. Pas question de jouer les prolongations dans un métier particulièrement exposé aux dérives autoritaires du régime ! Avisé, il a acheté dès 1933 une vieille ferme dans le hameau de Hufschlag, à la sortie de Traunstein, à une quinzaine de kilomètres du lac Chiemsee. Adresse : Am Eichweg, n° 19. Coïncidence : c'est la route de Tittmoning. C'est là qu'un beau jour d'avril, l'aubergiste d'Aschau-am-Inn dépose les Ratzinger en voiture, par un gai soleil de printemps, au milieu des primevères, tandis que le camion de déménagement se fait attendre.

La nouvelle maison est une grosse bâtisse datant de 1726, de style montagnard, avec des palissades en bois, de larges toits de bardeaux protégeant de vieilles remises où les gens et les bêtes, naguère, se réfugiaient l'hiver. Pas d'eau courante, mais un puits. Des arbres fruitiers à l'abandon. A deux pas, la forêt de chênes et de hêtres escalade les pentes des 8 sommets voisins, le Hochfellen et le Hochgern. Cette habitation spacieuse, remise en état par ses parents, sera bientôt, pour Joseph Ratzinger, un « rêve d'enfant » et « le plus beau des paradis ».

La fin de l'enfance

Traunstein, 15 000 habitants, n'a pas le charme villageois d'Aschau, mais il y a un lycée et un séminaire diocésain – où est déjà inscrit Georg, comme interne. C'est une sous-préfecture, une ville thermale plutôt cossue qui avait acquis renom et richesse en exploitant des salines jusqu'au XIXe siècle. Hufschlag est à trois quarts d'heure de marche du centre. Sur la Rosenheimer Strasse, un bâtiment de deux étages se dresse alors, entouré d'une grille : le lycée « classique » *(Humanistiches Gymnasium)* dans lequel, en 1937, le petit Joseph fait ses premiers pas de collégien. A 10 ans, il est un des benjamins de l'établissement, qui n'a rien de commun avec la petite école d'Aschau. Nouvelle discipline, nouvelles matières, nouvelles habitudes. Un plaisir nouveau : le latin. Un désagrément : les séances de sport, que le gamin vit chaque jour comme une « torture » !

Deux ans plus tard, à Pâques 1939, sur l'insistance du curé de la paroisse, Joseph Ratzinger entre comme interne à « Saint-Michel », le petit séminaire où étudie déjà son grand frère. Pour payer ses études, la retraite du gendarme ne suffit pas. La sœur de Joseph, Maria, prend un emploi administratif dans un grand magasin de Traunstein, et sa mère s'engage, cet été-là, comme cuisinière à Reit-im-Winkl, une station de montagne au sud du lac Chiemsee. Pour le petit Joseph, c'est la fin de la période insouciante de l'enfance. Une fin fracassante : six mois plus tard, le 1er septembre, l'Allemagne entre guerre.

A ce stade du récit, la première partie de la vie de Benoît XVI présente de nombreux points communs avec celle de Jean-Paul II. Karol Wojtyla portait, lui aussi, le prénom de son père, lequel était aussi un modeste officier – même s'il servait dans l'infanterie et non dans la gendarmerie. Dans les deux cas, la famille loue un appartement dans une maison bourgeoise donnant sur une « place du Marché », en face de l'église paroissiale d'une ville moyenne très catholique du cœur de l'Europe !

Les deux enfants écrivaient des poèmes. Tous les deux ont été impressionnés, très jeunes, par la visite de l'archevêque du lieu. Wojtyla aussi se rendait souvent dans un important sanctuaire marial de sa région (Kalwaria Zebrzydowska) doté d'une Vierge noire. Lui aussi s'est beaucoup promené, en moyenne montagne, en compagnie d'un père très pieux dont l'exemple ne pouvait qu'influer sur sa foi d'adolescent[8]. Lui aussi, enfin, a vu monter la tension en Europe, le nazisme triomphant et l'antisémitisme d'Etat, avant d'être projeté dans la Seconde Guerre mondiale.

CHAPITRE 2

Les horreurs de la guerre

A la naissance du petit Joseph Ratzinger, en 1927, l'Allemagne est un pays vaincu, humilié, instable. Les « réparations » imposées après la défaite de 1918 par le traité de Versailles épuisent la population et entretiennent le mécontentement général. La république dite de Weimar est faible, minée par les dissensions politiques, fragilisée par la montée des extrêmes. C'est le temps des réunions houleuses, des affiches virulentes, des tensions partisanes. La crise économique de 1929, qui frappe l'Autriche et touche bientôt la Bavière, provoque une inflation galopante et une explosion du chômage qui contribuent à l'exaspération populaire, notamment dans les villes.

En septembre 1930, dirigé depuis Munich, le Parti national-socialiste des travailleurs allemands (NSDAP) obtient 6 millions de voix aux élections au Reichstag. C'est la première victoire politique d'Adolf Hitler, un démagogue extrémiste né à Braunau-am-Inn, sur la rive autrichienne de la rivière Inn. En juillet 1932, le parti nazi devient le premier parti du pays. Enfin, le 30 janvier 1933, le président Hindenburg appelle Adolf Hitler à la chancellerie. La suite est connue : de l'incendie du Reichstag (27 février 1933) à la « nuit des longs couteaux » (30 juin 1934), le parti national-socialiste instaure un contrôle sans partage sur toutes les institutions et tous les rouages de la société allemande.

La réoccupation impunie de la Ruhr en 1936, l'annexion de l'Autriche (*Anschluss*) en 1938, puis le rattachement au Reich de la Bohême-Moravie après la crise des Sudètes, entériné par les accords de Munich en septembre 1938, ouvrent à Hitler – qui prône l'obtention d'un « espace vital » pour l'Allemagne – des perspectives de conquête territoriale, notamment à l'est.

La tactique du gendarme

Le père Ratzinger observe tout cela avec angoisse. Il ne comprend pas que les Français, qu'il tient en haute estime, laissent sans réagir le chancelier Hitler enchaîner les coups de force. Pour l'heure, l'annexion de l'Autriche a au moins une conséquence inattendue pour la famille : les autorités ont fermé le pont sur la Salzach, à Tittmoning, que les Ratzinger franchissaient pour se rendre à Salzbourg, notamment au sanctuaire de Maria Plain. Paradoxe de l'*Anschluss* : la frontière avec l'Autriche est plus difficile à franchir. Du coup, le festival de Salzbourg se voit privé de son habituel public international et le prix des billets chute. Georg et son petit frère, malins, en profitent pendant l'été. Le jeune Joseph en gardera quelques souvenirs éblouis – la *Grand-Messe en ut* de Mozart, les petits chanteurs de Ratisbonne – et restera, comme son frère, un passionné de musique chorale. De Mozart, en particulier.

L'ancien officier de gendarmerie n'est pas tranquille. Il est bien placé pour savoir qu'à Munich, le régime a commencé le regroupement de ses diverses forces de police, Gestapo comprise, sous la direction de Reinhard Heydrich et de Hermann Muller. Antinazi convaincu, il s'est abonné au journal d'opposition *Der gerade Weg* (« Le droit chemin »), dont la lecture le met régulièrement en colère et dont Joseph se rappelle les caricatures moquant le chancelier Hitler. « Depuis le XIXᵉ siècle, il y avait deux courants politiques en Bavière, expliquera-t-il plus tard : un premier, orienté vers le Reich, de tendance nationaliste allemande ; et un autre, de tendance plutôt austro-bavaroise, francophile et catholique[1]. » A Traunstein, en mars 1933, le parti nazi n'a rassemblé que 31 % des voix (contre 46 % au niveau fédéral), arrivant largement derrière le Parti populaire bavarois (PVP). Les parents du futur pape, comme la majorité des habitants de la Bavière traditionnelle – Haute-Bavière et Basse-Bavière –, appartiennent à ce courant populaire, catholique et antinazi. Le « patriotisme bavarois » qui les anime est de bon aloi, il est en contradiction avec le nationalisme populiste hitlérien qui sous-tend les ambitions du Reich. Surtout quand celui-ci s'en prend à la religion catholique.

Car les nazis, antisémites virulents, se montrent hostiles aux diverses religions, en particulier au catholicisme qu'ils accusent d'être « corrompu et dévoyé » par ses origines et influences juives. La lutte contre l'Eglise, en violation du concordat récemment signé par Pie XI, frappe les esprits. Elle a pour relais des enseignants anticléricaux et des militants hitlériens convaincus. Les évêques résistent comme ils peuvent aux assauts contre l'école confessionnelle, notamment par des lettres pastorales lues en chaire à la messe du dimanche. Quand Hitler ferme les couvents et arrête les religieux, quand il retire les crucifix des salles de classe et supprime les cours de religion dans les écoles, il n'est pas applaudi par tout le monde. A Traunstein, on a gardé le souvenir d'une manifestation de femmes contre l'interdiction des croix dans les écoles.

A l'automne 1939, le petit séminaire de Traunstein est transformé en hôpital militaire. Mais le directeur trouve bientôt d'autres locaux disponibles, ceux d'une institution religieuse (les Sœurs de Mary Ward) vide de ses internes, à Sparz, sur les hauteurs de la ville. Là, Joseph le solitaire se réconcilie péniblement avec la vie en communauté. Dans les grands bois dominant la cité, les enfants pensent surtout à construire des barrages et à pêcher des poissons dans les ruisseaux. Joseph Ratzinger a 12 ans. Il ne peut pas savoir qu'il passe les derniers moments « vraiment joyeux » de sa vie.

Les Jeunesses hitlériennes

En mars 1939, un décret a rendu obligatoire l'inscription de tous les jeunes Allemands de plus de 12 ans aux *Hitlerjugend* (Jeunesses hitlériennes). Ce mouvement de jeunesse très politisé a été créé un peu avant 1930 par un proche de Hitler, Baldur von Schirach, qui l'a organisé, développé et galvanisé avant d'en devenir le chef en juin 1933 et d'absorber, à partir de 1936, toutes les autres organisations de jeunesse du pays, comme le *Bund Deutscher Mädschen* (Ligue des jeunes filles allemandes) auquel appartiendra la sœur de Joseph. Au total, les historiens estiment qu'un peu plus de 85 % de la population adolescente – y compris de futures personnalités comme Jürgen Habermas ou Günter Grass – est alors embrigadée. « Dans les grandes villes, selon les témoins de l'époque, on pouvait parfois passer entre les gouttes, mais pas à Traunstein[2]. »

Déjà, en 1933, le petit Joseph avait vu, sans bien comprendre, les enfants des écoles défiler dans la rue principale d'Aschau-am-Inn, encadrés d'hommes aux chemises brunes. En 1937, à son arrivée au lycée de Traunstein, il avait appris qu'un des directeurs avait été brutalement déplacé par les autorités, sans explications. Dans ses mémoires, le cardinal Ratzinger raconte que son carnet de chants, à l'époque, contenait des chants nazis, et que le professeur de musique de son école, un catholique sincère, avait exigé de ses élèves qu'ils rayent, dans un couplet particulièrement agressif, l'expression *Juda den Tod* (« Mort aux Juifs ») pour la remplacer par *Wende die Not* (« Eloigne de nous la misère »). Il se rappelle aussi la réaction de son père aux informations triomphales annonçant, en 1940, les spectaculaires victoires en chaîne de l'armée allemande (Pologne, Danemark, Norvège, Pays-Bas, Belgique, France) : une victoire militaire de Hitler, ce serait « une victoire de l'Antéchrist, annonciatrice de temps apocalyptiques[3] ! ».

A cette époque, en outre, un événement dramatique vient bouleverser les parents Ratzinger[4]. Un cousin âgé d'un peu plus de 10 ans, atteint de trisomie 21, est envoyé à l'hôpital sur ordre des autorités. Mais le garçon ne reviendra jamais : il sera assassiné puis brûlé en application de la loi « hygiéniste » du 14 juillet 1934 organisant l'élimination de ceux qu'on rangeait dans la catégorie des « malades mentaux », qu'ils fussent sourds-muets, handicapés, dépressifs ou mal formés.

Cet été-là, le petit Joseph, âgé de 14 ans, est enrôlé dans les *Hitlerjugend*. Comme tous ses camarades de classe. Et contre son gré. D'abord, on l'a compris, il n'a aucune sympathie pour un régime que son père exècre et qui persécute la religion. Ensuite, tout son caractère le porte à l'opposé des principes et habitudes de ce mouvement qui prône le primat du collectif et de la force physique. Mais le gamin est boursier, ses parents ont fait des sacrifices pour qu'il poursuive ses études, et le manquement à ses obligations lui vaudrait automatiquement suspension de son allocation. Son professeur de maths le lui explique :

— Vas-y une fois, que nous ayons ce fichu papier !

C'est alors que l'Allemagne attaque l'URSS. En ce dimanche 20 juin 1941, la nouvelle lui parvient alors que sa classe effectue une promenade en bateau sur un lac voisin. Conséquence : les bâtiments de Sparz sont réquisitionnés pour accueillir des blessés du front de l'est. Ce n'est pas bon signe, mais au moins les deux frères sont-ils priés de rentrer chez eux en attendant de nouvelles instructions. Dans les mois qui suivent, Joseph ne participera à aucune activité des *Hitlerjugend*.

Sous les bombardements

Le répit est de courte durée. Au début de l'été 1942, c'est la consternation chez les Ratzinger : Georg, qui vient d'avoir 17 ans, est appelé au Service national du travail obligatoire, puis, à l'automne, sous les drapeaux. Affecté aux transmissions, il part pour la France.

Resté seul, Joseph dévore les classiques latins et grecs, mais aussi Goethe et Schiller. Il découvre les auteurs du XIXe siècle : Eichendorff, Mörike, Storm, Stifer, etc. Il compose des poèmes. Il traduit des textes liturgiques avec le souci – déjà – de les rendre « plus vivants » ! Il aurait pu éprouver le sentiment d'un apprentissage délicieux si parents et amis ne vivaient pas dans l'angoisse, si l'on n'apprenait pas, de temps en temps, la mort du fils d'un voisin ou d'un camarade de lycée, et si son frère aîné n'était pas au front. Transféré de la France vers les Pays-Bas, Georg est envoyé en Tchécoslovaquie puis, en 1944, en Italie. Blessé, il est hospitalisé à Traunstein puis repart sur le front italien où, soudain, il cesse de donner des nouvelles.

Le 26 juillet 1943, le facteur apporte à Hufschlag un papier officiel frappé de l'aigle du Reich. C'est un ordre de mobilisation au nom de Joseph, auquel il n'est pas question de déroger. L'adolescent se soumet aux formalités militaires, reçoit un uniforme et va retrouver ses camarades de l'internat Saint-Michel. Tous les séminaristes des classes 1926 et 1927 sont envoyés comme auxiliaires de la Luftwaffe à Munich, où ils sont affectés à la défense anti-aérienne. A Ludwigsfeld, au nord de la grande ville, ils sont postés dans des batteries de DCA protégeant une importante usine BMW qui fabrique des moteurs d'avion. Les pensionnaires de Saint-Michel sont logés dans des baraquements, comme des soldats, mais ils sont autorisés, trois fois par semaine, à suivre des cours avec les lycéens du Maximilianeum de Munich qui ont été affectés, eux aussi, à la DCA. Une chance, dans cette aventure désolante : « Max », comme ils l'appellent, est un des meilleurs lycées d'Allemagne !

Unterföhring, au nord-est de Munich, puis Innsbruck, derrière l'ancienne frontière autrichienne, puis Gilching, à l'ouest de Munich, où les usines Dornier fabriquaient les premiers avions à réaction de la Luftwaffe. Au printemps 1944, les adolescents et leurs officiers subissent une attaque aérienne directe qui fait un mort et plusieurs blessés. Leurs allers-retours au Maximilianeum leur permettent de mesurer l'étendue des destructions infligées à la ville de Munich par les bombardements américains : « La ville tombait en ruine pan par pan, la fumée et l'odeur des incendies emplissaient l'air de plus en plus », écrira plus tard Ratzinger[5], qui se rappelle, par ailleurs, l'espoir provoqué chez ses camarades par la nouvelle du débarquement allié en Normandie : « Ce fut pour les gens du monde entier, mais également pour une très grande partie des Allemands, un signal d'espérance : que viennent bientôt la paix et la liberté en Europe[6] ! »

Prisonnier des Américains

Le 10 septembre 1944, Joseph est libéré de ses obligations estudiantines, mais un nouvel ordre de mobilisation l'attend chez lui : il a 17 ans, il doit rallier le Service national du travail obligatoire. Avec d'autres condisciples de Traunstein, il est affecté dans le Burgenland, à la frontière de l'Autriche et de la Hongrie. Cette fois, les jeunes recrues sont plongées dans la sordide réalité de la guerre. Le régime est sévère. Le travail, épuisant. L'encadrement, fanatique. Un jour, un officier SS joue de la fatigue de ces jeunes pour recruter des volontaires dans la Waffen SS. Ratzinger et plusieurs de ses camarades séminaristes, terrorisés, expliquent que cet engagement n'est pas compatible avec leur futur état de prêtres catholiques. Ils sont insultés, tournés en ridicule, mais finalement exemptés de ce « volontariat » peu sympathique.

En octobre 1944, la Hongrie capitule devant l'Armée rouge. Le front se déplace vers l'ouest dans un désordre général. Ratzinger et ses camarades creusent des tranchées antichars. Sans explications, le 20 novembre, on leur rend leurs habits civils et on les renvoie chez eux par le train, *via* Salzbourg, au rythme haché des attaques aériennes incessantes. A l'entrée de Traunstein, Ratzinger n'a qu'à sauter du train pour gagner Hufschlag, dans le soleil et le givre étincelant de cette fin d'automne, et retrouver sa famille. Trois semaines plus tard, il est rappelé à Munich. L'officier recruteur l'affecte... à la caserne d'infanterie de Traunstein. L'atmosphère change de mois en mois. Des « vieux » de 40 ans, pères de famille, ont été recrutés en catastrophe. Le front se rapproche. On fait défiler crânement les soldats dans les rues de Traunstein, au pas militaire et en chantant, par pur souci de propagande.

Le 23 avril 1945, les Américains parviennent à Regensburg (Ratisbonne), sur le Danube. Le 30 avril, la nouvelle du suicide de Hitler ne laisse plus aucun doute sur l'issue du conflit. C'est alors que le soldat Ratzinger décide de rentrer chez lui. En évitant les grands axes, où des militaires patrouillent avec l'ordre d'abattre les déserteurs. Des SS ont pendu à des arbres voisins des soldats ayant ainsi quitté leurs unités. Soudain, près d'une gare de chemin de fer, il est arrêté par deux hommes en uniforme. Il éprouve probablement la peur de sa vie. La situation est « extrêmement critique » mais, racontera-t-il dans ses mémoires, les deux sentinelles « en avaient aussi assez de la guerre et ne voulaient pas devenir des meurtriers ». L'un des deux soldats avise son bras en écharpe... et le laisse filer[7].

Bientôt, la VIIe armée américaine fait irruption en Haute-Bavière. A l'entrée de Traunstein, les Américains choisissent la grande maison des Ratzinger comme quartier général. Impossible de cacher que le jeune Joseph est un soldat allemand en civil. Le futur pape est arrêté, et va rejoindre les milliers de prisonniers de guerre regroupés sur l'aéroport militaire de Bad Aibling pour être emmenés à Ulm, à cent trente kilomètres à l'ouest de Munich. Là, ils sont 50 000 à s'organiser tant bien que mal, à dormir à la belle étoile derrière des clôtures de fil barbelé, à se partager les rations alimentaires distribuées par les GI. Certains jeunes donnent spontanément des cours, des prêtres disent la messe...

Le 19 juin 1945, enfin, Ratzinger est libéré. Un véhicule américain le dépose à l'entrée de Munich, où il tombe sur un camion de lait en route pour... Traunstein ! La chance est avec lui. Le soir même, il retrouve ses parents. Ce n'est pas encore la fin du cauchemar, car la famille n'a toujours pas retrouvé la trace de Georg, porté disparu quelque part en Italie. Mais quelques jours plus tard, le grand frère réapparaît à son tour. Il se met aussitôt au piano et entonne le cantique *« Grosser Gott, wir loben Dich »* (« Dieu très-haut, nous te louons »). Une façon de remercier le Ciel pour avoir mis fin, définitivement, à la plus grande tragédie du siècle.

Le poids du passé

Le cardinal Ratzinger a lui-même évoqué cette période dans plusieurs de ses livres. Il est longuement revenu sur ces années noires dans une conférence prononcée à la cathédrale Saint-Etienne de Caen, le 5 juin 2004, pour le soixantième anniversaire du débarquement de Normandie. Il a rappelé que le nazisme avait été la « domination du mensonge » et le « régime de la peur », que le débarquement allié avait été « une bénédiction pour nous aussi, les Allemands », et qu'en se retournant sur ce terrible passé, les Etats européens devraient y réfléchir à deux fois avant de rejeter la morale chrétienne. La guerre et ses horreurs ont profondément marqué et inspiré le futur Benoît XVI.

Là encore, le parallèle est frappant entre Karol Wojtyla et Joseph Ratzinger, deux futurs papes « en pleine jeunesse » ayant été « sur des fronts différents » mais ayant connu « la même barbarie », comme le fera remarquer Benoît XVI soixante ans plus tard[8] : le premier a passé toute la guerre à Cracovie, non loin du camp d'Auschwitz ; le second l'a vécue dans les environs de Munich, non loin du camp de Dachau. Tous les deux ont appris plus tard jusqu'où les nazis, sur ces deux sites, ont poussé la folie exterminatrice. Tous les deux ont frôlé la mort et côtoyé l'indicible. Tous les deux ont survécu sans avoir jamais tiré un coup de feu. Tous les deux, plus tard, ont fait l'objet de nombreuses questions parfois légitimes, parfois malveillantes, sur leurs rapports avec la résistance, leur attitude face à l'antisémitisme, etc. La presse britannique, notamment, n'a pas ménagé le cardinal Ratzinger au lendemain de son élection, en avril 2005[9] : le pape allemand a-t-il ou non servi le régime hitlérien ? A-t-il publiquement manifesté son opposition au nazisme ? Pouvait-il ignorer le sort des Juifs ? Historiens, journalistes et institutions spécialisées ont multiplié les témoignages, les enquêtes, les recherches. Des réponses ont été données, qui ont définitivement évacué les soupçons les plus infamants ; des commentaires ont été tirés, qui nourriront encore bien des livres sur le premier pape allemand des Temps modernes.

Or, c'est la dernière fois que se produit ce phénomène de suspicion, que s'exprime cette référence obsédante à ce que les papes de l'époque (Pie XI, Pie XII) et leurs successeurs (Jean-Paul II, Benoît XVI) ont dit et fait pendant la Seconde Guerre mondiale. Pour des raisons simplement démographiques, aucun pape, après celui-là, ne sera à ce point marqué par la Seconde Guerre mondiale et par l'histoire de l'Europe du XXe siècle.

CHAPITRE 3

Une formation allemande

Automne 1945. L'Allemagne sort lentement de la stupeur et de la dévastation. A quelques semaines des fêtes de Noël, cent vingt garçons s'installent au grand séminaire de Freising, au nord de Munich. Les plus jeunes, comme Joseph, n'ont pas 20 ans. D'autres frisent la quarantaine. Certains sortent à peine de l'enfance et n'ont connu de la guerre que ses derniers épisodes. D'autres sont des soldats aguerris et meurtris par cinq années d'épreuves. Le bâtiment où ils se retrouvent a servi d'hôpital militaire pendant le conflit, et porte les traces des récents bombardements. L'enfer, pour ces candidats au sacerdoce, ce n'est pas une fiction. Ils en sortent.

L'espérance d'un monde meilleur

Quelles que soient les différences d'âge et d'expérience, tous ces jeunes gens sont conscients d'être des survivants, car tous ont eu des morts dans leurs familles ou dans leurs cercles d'amis. Tous ont au cœur l'espérance d'un monde meilleur et la volonté de reconstruire la société sur des bases nouvelles. Joseph Ratzinger – tout comme le Polonais Karol Wojtyla à la même époque – est convaincu que son pays n'a pas seulement besoin d'une reconstruction matérielle, mais aussi d'une renaissance religieuse. Quelques grands rescapés sont là, qui montrent que dans ce long désastre, l'Eglise, au moins, « a tenu bon[1] ». Dans ses mémoires, Joseph Ratzinger cite le supérieur du séminaire, Michaël Höck, qui a passé cinq ans au camp de Dachau. Il cite aussi le vieux cardinal Faulhaber, qui a enduré les souffrances les plus rudes pendant toutes ces années, et qui en porte le témoignage sur son visage.

La personnalité de Michaël von Faulhaber a beaucoup marqué le futur pape. Nommé archevêque de Munich en 1917, ce patriote allemand a défendu sans états d'âme son pays pendant la Première Guerre mondiale – on l'imagine pestant contre la neutralité affichée du pape Benoît XV – et n'a cessé de soutenir l'armée de son pays, y compris lors de l'*Anschluss* en 1938. Mais dans le même temps, il a tempêté en chaire contre le nazisme dès 1933, il a solennellement rappelé les sources juives du christianisme en 1934, il a participé à la rédaction de l'encyclique papale *Mit brennender Sorge* qui condamna le nazisme en 1937. Sans renier ses convictions conservatrices, voire nationalistes, Faulhaber a aussi incarné la résistance à l'oppression et à la barbarie. Celui que Hitler surnommait avec mépris le « cardinal juif » *(Judenkardinal)* a vu les nazis fermer la faculté de théologie de l'université de Munich parce qu'il avait refusé l'agrément à un enseignant hitlérien ; il a subi l'attaque de son palais épiscopal par une foule de sympathisants nazis ; tout comme son collègue de Munster, Mgr Clemens August von Galen, qui dénonça le régime hitlérien dans des sermons devenus célèbres[2], Faulhaber s'est insurgé en chaire contre le retrait des crucifix dans les écoles et les attaques contre l'Eglise catholique ; il a échappé par deux fois, en 1934 et 1938, à des tentatives d'attentat contre sa personne. Et il a survécu. En 1945, le vieux lion bavarois – âgé de 76 ans – est une sorte de mythe, une légende vivante pour tout jeune séminariste allemand en quête de repères, de références, de modèles à suivre.

Coup de chance, la bibliothèque du séminaire de Freising n'a pas trop souffert des bombardements. Il reste assez de livres, en tout cas, pour que le jeune Ratzinger y trouve de quoi satisfaire son grand appétit littéraire. Il découvre Péguy, Claudel, Mauriac, Bernanos, mais aussi Anouilh et Sartre. Il dévore Dostoïevski et, bien sûr, les romanciers allemands : Le Fort, Wiechert, Langgässer. Certains auteurs l'impressionnent plus que d'autres. Dans le domaine scientifique, il découvre Aloys Wenzel, un philosophe munichois qui présente la science moderne comme ouverte à l'impondérable, et non fermée à l'irrationnel. En philosophie, il découvre dans l'œuvre de Theodor Steinbüchel des auteurs comme Heidegger, Nietzsche et Bergson, mais surtout le personnalisme naissant. En théologie, enfin, il lit Romano Guardini[3], qui envisage la situation de l'homme en face de Dieu non pas de façon statique, mais existentielle, voire dramatique : « Dieu n'est pas seulement un *Lui* tout-puissant, mais le *Tu* vivant. » C'est Guardini qui lui fait comprendre que la foi n'est pas l'adhésion à un concept, mais la rencontre avec une personne. C'est lui aussi qui façonne son jugement en matière de liturgie, Joseph Ratzinger ayant dévoré, au séminaire, son premier livre *Vom Geist der Liturgie* (« L'esprit de la liturgie ») paru en 1918 et considéré comme le point de départ du Mouvement liturgique en Allemagne.

La découverte de saint Augustin

A 20 ans, la personnalité et la qualité des enseignants peuvent être déterminantes. L'un d'eux, le philosophe thomiste Arnold Wilmsen, le détourne de saint Thomas d'Aquin, de sa rigidité néoscolastique et de son systématisme impersonnel. A jamais. L'étudiant Ratzinger est beaucoup plus intéressé par le Juif Martin Buber[4], philosophe du dialogue et de la rencontre, dont le personnalisme trouve une résonance dans les écrits de saint Augustin, lequel restera la principale découverte de ces deux premières années de séminaire. C'est par les *Confessions*, c'est-à-dire le récit de sa vie et de sa conversion tardive, que Ratzinger aborde celui qui deviendra sa référence théologique principale. Qu'un des plus grands personnages de l'histoire de l'Eglise ait rencontré le Christ à l'âge avancé de 32 ans, qu'il le raconte sans rien cacher de ses excès, jouissances et abus antérieurs, qu'il n'occulte rien du drame psychologique que signifia pour lui cette révélation, voilà qui fascine le jeune lecteur et l'intéresse bien davantage que la triste et impersonnelle scolastique thomiste. C'est aussi l'œuvre pastorale et politique de l'évêque d'Hippone qui le passionne, ainsi que « la fraîcheur et la vivacité de sa pensée ». Saint Augustin, pour Ratzinger, ce n'est pas seulement le théoricien du sens de l'histoire, le promoteur de la raison au service de la foi, le théologien de la prédestination et du libre arbitre : c'est d'abord une rencontre, celle d'un « homme passionné, souffrant, questionnant », d'un pasteur engagé au service des petites gens, d'un personnage fait de chair et de tentations « avec lequel on peut s'identifier ». Il s'y référera toute sa vie.

A la fin du mois d'août 1947, Joseph Ratzinger entre à la faculté de théologie de l'université de Munich, un établissement prestigieux dont le fonctionnement est encore entravé par les destructions et les pénuries. Enseignants et étudiants de théologie se sont réfugiés provisoirement à Fürstenried, au sud de Munich, dans les dépendances d'un petit château agrémenté d'un parc magnifique appartenant à l'archevêché. Le bâtiment principal, un ancien pavillon de chasse royal datant du XVIIIe, a servi d'hôpital pendant la guerre. Le pavillon occupé par les séminaristes abrite bibliothèques, salles d'études et dortoirs. La promiscuité est pesante. Les étudiants dorment dans des lits superposés. Certains cours se tiennent dans la serre du château, dans une chaleur vite étouffante.

Autre rappel de la guerre : beaucoup d'enseignants viennent des anciennes villes allemandes de Pologne. C'est le cas de Friedrich Wilhelm Maier, venu de Wroclaw (Breslau) où il a longtemps enseigné l'exégèse du Nouveau Testament. Maier, comme beaucoup de professeurs, a participé aux querelles très vives opposant, dans l'Allemagne du début du siècle, les « libéraux » aux néoscolastiques et aux dogmatiques fidèles à Rome, au concile Vatican I et au *Syllabus* de Pie IX qui voua le « modernisme » aux gémonies. La réputation de Maier doit beaucoup à ce qu'il a été naguère condamné par Rome pour avoir fait preuve d'une trop grande audace dans l'explication des sources des Evangiles, ce qui lui donne une aura particulière, un peu sulfureuse, auprès des étudiants. Si la lecture « historico-libérale » du Nouveau Testament est loin de faire l'unanimité, elle est plus séduisante, aux yeux des jeunes, que la rigide tradition néoscolastique qui triomphe à Rome.

Le jeune Ratzinger, comme la plupart de ses camarades, est passionné par ces discussions sur les sources de la Révélation, sur le renouveau liturgique, sur la remise en cause de certaines certitudes intouchables – sans savoir qu'il les retrouvera, intactes, lors du concile Vatican II. Lui-même fait partie d'une génération exigeante : il raconte dans ses mémoires que l'illustre professeur Maier, par exemple, « pratiquait encore la grande rhétorique du début du siècle, que je trouvai d'abord impressionnante, puis de plus en plus artificielle et dépassée[5] ».

Sur le fond, il est plutôt séduit par les positions équilibrées, pour ne pas dire « centristes », d'un Romano Guardini, dont il fait sienne la formule : « le libéralisme limité par le dogme ». En d'autres termes : oui à l'ouverture

37

intellectuelle, à la recherche sans tabous, à la libre investigation, à condition de veiller à ne pas faire exploser les vérités fondamentales de la foi chrétienne. Adepte d'une « spiritualité débarrassée de ce qui était vieilli et poussiéreux », il découvre aussi que le dogme « n'est pas un carcan, mais une source vive ». « Pour nous, écrit-il dans ses mémoires, l'Eglise était *vivante*, surtout dans la liturgie et le trésor de la tradition théologique[6] ». On croirait entendre Benoît XVI prononcer sa première homélie de pape en avril 2005.

Devenir prêtre ou non ?

C'est l'époque où Joseph Ratzinger s'interroge aussi sur sa vocation. Celle-ci s'est manifestée très tôt, mais sans tapage. « Il n'y a pas eu d'éclair d'illumination. Tout a grandi lentement en moi », explique cet homme peu mystique qui se décrit comme « un chrétien tout à fait normal »[7]. Cette vocation « raisonnable », éprouvée « très tôt », a été mise à l'épreuve, justement, pendant ses années d'études de théologie à Munich. Le jeune Ratzinger a 20 ans. C'est à cet âge qu'on se pose les bonnes questions : « Le célibat me convient-il ? Etre prêtre me convient-il ? » A Fürstenried, les séminaristes côtoient quotidiennement de jolies étudiantes, et la question du célibat se pose de façon « totalement pratique ». Le futur pape dira un jour, très simplement, qu'à cette époque, « les crises n'ont pas manqué ». Non sans préciser qu'il n'est jamais tombé amoureux, et que ses relations avec des jeunes femmes n'ont jamais dépassé le stade de l'« amitié »[8].

Une autre question le taraude. Il se passionne pour ses études, certes, il se dit même « fasciné par la théologie scientifique », mais cela suffit-il pour vouloir embrasser une carrière ecclésiastique ? Question cruciale, en vérité.

D'abord, ne vaut-il pas mieux devenir simplement professeur ? Ensuite, le métier de prêtre, très prenant, ne l'obligera-t-il pas à laisser tomber la recherche ? En outre, Ratzinger s'estime « plutôt timide et dépourvu de sens pratique », il n'est « ni sportif, ni doué pour l'organisation » et se demande sérieusement s'il saura enseigner le catéchisme aux enfants, entraîner des adolescents ou soigner les personnes âgées. A l'inverse, il est tellement à l'aise quand il lit Heidegger, Bernanos ou les Pères de l'Eglise ! Il est tellement heureux quand, en 1949, il découvre *Catholicisme* du théologien français Henri de Lubac, traduit en allemand par Hans Urs von Balthasar !

Ce n'est qu'en octobre 1950, après son examen final de théologie, qu'il opte définitivement pour le sacerdoce en « disant enfin un oui convaincu » lors de son ordination au sous-diaconat, puis au diaconat. L'étape suivante, fixée à l'avant-dernier jour du mois de juin 1951, fête de saint Pierre et saint Paul, c'est l'ordination définitive. Ce jour-là, dans la cathédrale de Freising, quarante séminaristes se verront imposer les mains par le vieux cardinal Michaël von Faulhaber. Parmi eux, le propre frère de Joseph, Georg. Les deux garçons ne garderont de cette journée que des souvenirs radieux.

Plus intellectuel que pasteur

L'abbé Joseph Ratzinger est affecté comme simple vicaire à la paroisse du Précieux-Sang, à Munich. Ce premier poste, dans un quartier pourtant résidentiel, confirme le jeune homme dans l'idée que le métier de prêtre est peu compatible avec les études de théologie : seize heures de catéchisme par semaine, dispensées dans six classes de gamins pas toujours attentifs ; les confessions tôt le matin et une bonne partie du samedi ; les messes, dont trois le dimanche, exigeant de préparer des homélies originales ; les enterrements, les baptêmes, les mariages ; la pastorale des jeunes à laquelle un jeune abbé de 24 ans ne saurait se soustraire...

Avec enthousiasme et générosité, Joseph Ratzinger se lance dans l'aventure et constate très vite les limites du genre : le patronage ne répond plus aux exigences des jeunes de l'après-guerre, la catéchèse s'exerce selon des principes obsolètes, etc. De cette première expérience paroissiale, il ne tire pas seulement une parfaite connaissance des rues de Munich qu'il sillonne à vélo du matin au soir, mais aussi l'idée forte que l'Eglise traditionnelle, dans son fonctionnement quotidien, est particulièrement inadaptée à la vie moderne.

Heureusement, il arrive ensuite à Ratzinger ce qui est arrivé à son collègue Karol Wojtyla qui fit, lui aussi, après son ordination en 1948, une courte expérience de vicaire dans un bourg rural de sa région : au bout d'un an, le Polonais a été affecté à la paroisse universitaire de Cracovie. Ratzinger, lui, est rappelé par son évêque pour enseigner au grand séminaire diocésain, à Freising, à partir du 1er octobre 1952. C'est que l'Eglise allemande, tout comme l'Eglise polonaise, est à reconstruire entièrement après les ravages de la Seconde Guerre mondiale, et que les jeunes prêtres capables de former les générations nouvelles ne sont pas légion : il serait dommage de gaspiller ces talents intellectuels dans des activités pastorales aussi épuisantes que répétitives...

Chargé de cours au séminaire de Freising, Joseph Ratzinger retrouve ses chères études. Ce n'est pas qu'il soit soudain libre de son temps, bien au contraire : outre les cours de « pastorale des sacrements » qu'il dispense aux élèves de dernière année, qui sont à peine plus jeunes que lui, il doit assurer des messes et des confessions à la cathédrale, animer un groupe de jeunes, être disponible. Surtout, il doit préparer son doctorat en théologie (un écrit, huit oraux, une soutenance publique), ce qui représente une somme de travail considérable.

C'est le professeur Gottlieb Söhngen – un des enseignants rapatriés de Prusse-Orientale après la guerre – qui va diriger sa thèse. Deux ans plus tôt, à l'issue de son examen final de théologie, le même maître l'a poussé à passer un concours ouvrant au doctorat. Sujet de la dissertation : « *Peuple et Maison de Dieu dans la doctrine augustinienne de l'Eglise* ». Familier des Pères de l'Eglise, auditeur attentif du très augustinien professeur Söhngen, Ratzinger a passé plusieurs mois dans l'œuvre de son théologien préféré. Cette fois, le même Söhngen l'invite, pour sa thèse d'habilitation[9], à fréquenter l'un des plus grands théologiens du Moyen Age, lui-même disciple d'Augustin. Sujet de la thèse : « *Le concept de Révélation chez Bonaventure* ». Remise de la copie : été 1955.

La Révélation selon Bonaventure

Saint Bonaventure figure, comme saint Augustin, parmi les « docteurs de l'Eglise ». Réformateur de l'ordre franciscain au XIIIe siècle, il fut à la fois le disciple et le biographe de François d'Assise. Il fut aussi l'ami du dominicain Thomas d'Aquin et, en effet, l'un des plus grands théologiens du Moyen Age. Aller chercher dans l'œuvre de Bonaventure la confirmation des recherches modernes sur la Révélation n'est pas sans intérêt doctrinal ni enjeu politique. Ratzinger allait l'apprendre à ses dépens.

La question peut être ainsi résumée : la Révélation, fondement de la foi chrétienne, est-elle limitée à ce que Dieu a « révélé » directement aux hommes, c'est-à-dire à ce que ceux-ci ont rapporté dans l'Ancien Testament et les Evangiles ? C'est ce que Luther a fait valoir contre les dérives et abus de l'Eglise catholique, en prônant le retour à la « seule Ecriture » *(sola scriptura)*. C'est ce qu'enseignent alors les théologiens classiques : la Révélation divine est un donné immuable qui se transmet de génération en génération de façon très scolastique.

Or, explique Ratzinger dans sa thèse, Bonaventure et ses contemporains n'accordent pas ce sens-là au mot « révélation », qui signifie l'acte par lequel Dieu se révèle, et non pas le résultat qu'en ont tiré les rédacteurs de l'Ecriture sainte. Ratzinger explique : « L'idée de révélation implique que quelqu'un en prenne conscience [...] ce qui veut dire que la Révélation précède l'Ecriture, qu'elle s'y dépose sans s'identifier à elle. » Conclusion : la Révélation n'est pas figée dans le passé et pour l'éternité (au risque d'être un jour obsolète), elle est un processus qui accompagne les hommes au cours de l'histoire (au risque de devenir une notion subjective).

Cependant, une très mauvaise surprise attend l'auteur enthousiaste de cette thèse audacieuse. L'un des deux rapporteurs, le professeur Michaël Schmaus, lui annonce tout de go, dans les couloirs d'un congrès de théologiens à Königstein, à Pâques 1956, que sa thèse est refusée ! Ratzinger est stupéfait. En relisant le manuscrit, il observe que Schmaus a annoté minutieusement et rageusement son travail, ce qui laisse penser qu'il y a trouvé de l'intérêt, et que son refus n'est pas dû à un mouvement d'humeur, ou à une critique seulement formelle. Ratzinger comprend son erreur : il n'aurait pas dû critiquer aussi durement le point de vue « dépassé » des théologiens comme... Michaël Schmaus ! C'est évidemment une bêtise. Le thésard déçu n'est pas seulement humilié, il est inquiet : ne doutant pas de sa réussite, il a déjà fait venir ses vieux parents à Freising où, normalement, il deviendra professeur après son habilitation...

Une chaire à Bonn

Ratzinger recalé pour cause de « modernisme » ! Les encouragements de son camarade Karl Rahner et les judicieux conseils du professeur Söhngen vont pousser l'impétrant à revoir sa copie en sacrifiant l'essentiel de ses considérations sur la Révélation, et en remodelant la thèse autour de son explication de la théologie de l'histoire chez Bonaventure, laquelle n'a pas prêté à objections. En quinze jours, le remaniement est achevé. Le manuscrit ne fait plus que deux cents pages, mais il est présentable. Il est enfin accepté en février 1957. Quelques jours plus tard, dans le grand amphithéâtre de l'université de Freising, la soutenance publique tourne au pugilat entre les différents membres du jury qui, après une longue, longue délibération, lui accordent finalement son doctorat. Le cauchemar est terminé. Dure leçon de vie.

Nommé maître de conférences à l'université de Munich, puis professeur titulaire à la faculté de théologie et de philosophie de Freising, Joseph Ratzinger réalise son rêve. Dans le courant de l'été 1958, il reçoit une proposition qui lui fait définitivement oublier ses déboires : occuper la chaire de théologie fondamentale à l'université de Bonn. Coup de chance : son frère Georg vient d'être nommé, lui, chef de chœur de l'église Saint-Oswald de Traunstein. C'est lui qui se chargera d'offrir un nouveau logement aux parents, respectivement âgés de 79 et 72 ans, dans cette ville où ils ont vécu presque deux décennies. Joseph peut sereinement faire sa valise et partir pour Bonn.

Le 15 avril 1959, il s'installe à l'Albertinum, un foyer qui domine le Rhin et où logent d'autres théologiens, en attendant d'emménager dans un bel appartement situé dans le quartier résidentiel de Bad Godesberg. C'est une période heureuse et riche qui s'ouvre à lui, seulement endeuillée par la mort de son père, le 25 août 1959. Au carrefour des différentes influences intellectuelles de l'époque, côtoyant les plus grands noms de la théologie allemande, Joseph Ratzinger commence à vivre. Il a 32 ans.

CHAPITRE 4

L'aventure du concile

En arrivant à Bonn, Joseph Ratzinger retrouve un ancien condisciple de Fürstenried, Hubert Luthe, qui est devenu secrétaire de l'archevêque du lieu, le vénérable cardinal Joseph Frings. Ce dernier écoute un jour plancher le tout jeune professeur de théologie, frais émoulu de sa Bavière natale, lors d'un colloque de l'académie catholique de Bensberg. Intéressé par la qualité de l'exposé, il entraîne son auteur dans une longue conversation... et lui propose de travailler pour lui. Ratzinger ne peut pas imaginer que sa vie vient de prendre un tournant décisif.

Joseph Frings est un prince de l'Eglise. Une personnalité. Il a ses entrées à Rome. Au lendemain de l'élection du cardinal Giuseppe Roncalli à la tête de l'Eglise, à l'automne 1958, il confie à Luthe en rentrant à Cologne :

— Peut-être va-t-il y avoir un concile[1]...

C'est bien vu. Le 25 janvier 1959, en effet, le pape Jean XXIII annonce à un groupe de cardinaux réunis dans la basilique Saint-Paul-hors-les-Murs qu'il va convoquer un nouveau concile œcuménique. Moins d'un siècle après Vatican I, qui s'est tenu en 1870, la nouvelle fait sensation. « Un geste de tranquille audace », titre *La Croix* le lendemain. En réalité, le « bon pape Jean » vient de déclencher la plus grande révolution que l'Eglise ait connue à l'époque moderne.

Les audaces du cardinal Frings

Dès le début de l'aventure conciliaire, le cardinal Frings s'inquiète. Membre de la commission centrale préparatoire, il constate avec perplexité que les « apparatchiks » du Vatican ont quasiment confisqué la surprenante initiative de Jean XXIII, et risquent d'étouffer dans l'œuf son projet prophétique d'*aggiornamento*. La présidence de la commission théologique, au cœur du dispositif, a été confiée au chef de la Sacrée Congrégation du Saint-Office – qui ne s'appelle pas encore la « Congrégation pour la Doctrine de la foi ». Le cardinal Alfredo Ottaviani, auquel rien n'échappe, est un conservateur à la forte stature, jaloux de ses prérogatives, qui entend bien cantonner le concile dans une vaste et inoffensive réflexion théologique et doctrinale. Dès le 20 juin 1960, le cardinal Frings écrit au pape pour qu'il ne limite pas le concile aux questions théologiques – le secteur est verrouillé – et qu'il constitue une autre commission préparatoire chargée de la « pastorale » *(de re pastorali)* : une commission qui sorte du confort dogmatique pour se confronter au réel.

Tel sera, en effet, l'enjeu des deux années précédant l'ouverture du concile Vatican II. De 1960 à 1962, le président de la conférence épiscopale allemande est un des destinataires de tous les projets de textes (appelés « schémas ») qui devront être soumis aux Pères conciliaires. Il les fait lire à Ratzinger pour avis. Le jeune enseignant de Bonn est dans son élément. Il est impressionné par la somme de travail rassemblée, mais il estime, comme son mentor, que le renouveau biblique et patristique qui a fait couler tant d'encre pendant les dernières décennies, au moins en Europe du Nord, ne figure pas dans ces textes caractérisés – selon ses propres termes – par leur « rigidité » et leur

« étroitesse ». Frings n'a pas ces précautions de langage. Il ne cache pas son désaccord profond avec ces textes qui, à son avis, ne correspondent pas à l'intuition de Jean XXIII et à sa volonté de changement. Et il va le faire savoir.

Au sein de la commission centrale, de la sous-commission des amendements et de multiples instances plus ou moins officielles, Joseph Frings mène de véritables batailles internes pour que les laïcs ne soient pas absents du concile, pour que le pouvoir des évêques soit réel, pour que les non-catholiques soient associés aux débats. Le clivage est de plus en plus évident, au sein du Sacré Collège, entre les cardinaux « conservateurs » (Ottaviani, Lefebvre, Ruffini, Siri, Browne, etc.) et les « réformateurs » (Alfrink, König, Léger, Liénart, Suenens, Béa, Montini, etc.). Frings, de Cologne, et son collègue Döpfner, de Munich, font partie des réformateurs. Mais ceux-ci, à l'époque, sont nettement minoritaires dans la sphère dirigeante de l'Eglise[2].

Joseph Ratzinger est le témoin direct de toutes ces manœuvres. Il observe, lui aussi, que le dispositif est soigneusement verrouillé et que le concile Vatican II risque fort d'être une assemblée docile sans autre pouvoir que celui d'entériner tout ce que la curie a doctement programmé. Il voit s'accumuler les documents sans intérêt et les textes insipides qui font courir au concile un risque certain d'enlisement général. Ratzinger note avec inquiétude que les commissions préparatoires ont produit « soixante-dix schémas, suffisamment pour remplir deux mille pages in-folio », ce qui représente « plus du double de la totalité des textes produits par tous les conciles précédents »[3] !

Les « cuisiniers » de Vatican II

Le lundi 8 octobre 1962, le cardinal Joseph Frings embarque à l'aéroport de Cologne-Wahn à destination de

Rome. Au même moment, son collègue Julius Döpfner quitte Munich en voiture et prend la direction de la Ville éternelle. Les deux principaux piliers de l'Eglise allemande, comme deux mille cinq cents autres évêques venant de tous les coins du monde, se mettent ainsi en route pour une aventure intellectuelle, spirituelle et politique dont aucun n'imagine qu'elle va durer trois ans.

A Rome, les cardinaux et évêques allemands forment le groupe le plus important après les Italiens. Ils se répartissent entre le collège dell'Anima, près de la piazza Navone, le collège germanique de Santa Maria in Camposanto, et de nombreux instituts religieux. Joseph Ratzinger loge, comme son patron, au collège dell'Anima. Il a d'abord le statut de simple « conseiller théologique », mais au bout de quelques semaines, Frings en fera un « expert » *(peritus)* à part entière.

Sur les trois cents experts qui vont ainsi assister les évêques, beaucoup sont des « romains » connus de la curie : canonistes travaillant pour telle ou telle administration vaticane, chercheurs et enseignants attachés à tel institut romain, aumôniers de congrégations, ordres et mouvements divers. D'autres, moins nombreux, sont des intellectuels enseignant la théologie, le droit canon ou l'histoire de l'Eglise en France, en Allemagne, aux Pays-Bas, en Belgique ou en Suisse. Ceux-ci sont moins respectueux des institutions curiales dont ils ont même eu, parfois, à subir les foudres. Leurs avis, leurs recommandations, leurs intrigues et leurs controverses pèseront d'un grand poids sur le processus conciliaire. On les appellera les « cuisiniers du concile ». Dans l'ombre des cardinaux les plus influents, dans les coulisses des congrégations générales (réunions plénières), dans les couloirs des commissions et sous-commissions chargées de préparer, d'amender voire de refondre les textes des « schémas », les experts fournissent un travail énorme. Au point, parfois, de voler la vedette aux Pères conciliaires.

Le jésuite suisse-allemand Karl Rahner, le Néerlandais Edward Schillebeeckx, les Français Henri de Lubac, Jean Daniélou et Yves Congar, le Belge Gérard Philips, vont devenir les « stars » de Vatican II : très sollicités par les médias, leurs articles et interviews sont lus, commentés, disséqués. Si le jeune Ratzinger connaît déjà certains de ses compatriotes comme Hans Küng, Hubert Jedin, Otto Semmelroth, Edouard Stakemeier ou Bernhard Häring – ils sont une quinzaine d'experts allemands –, il ne tarde pas à sympathiser avec les Français, notamment les tenants de la « nouvelle théologie » qui, depuis quelques années, font avancer la réflexion sur l'Eglise et sur la foi dans les revues spécialisées, loin de l'atmosphère confinée et des conceptions juridico-dogmatiques de la curie romaine.

On notera au passage une statistique évidemment mineure, mais qui donne le ton des débats de l'époque : 96 % de la totalité de ces « experts » sont européens !

Les dynamiteurs du concile

L'enjeu de ce début de concile est énorme. Ou bien la curie romaine impose sa conception surannée d'une Eglise institutionnelle, hiérarchisée, autoritaire, inébranlable et repliée sur elle-même en faisant rapidement avaliser par les Pères conciliaires des textes minutieusement préparés et pratiquement intouchables, et Vatican II s'inscrira dans la suite logique de Vatican I, le concile précédent qui, neuf décennies plus tôt, avait été dominé par la réaction au « modernisme ». Ou bien les deux mille cinq cents évêques convoqués à Rome s'emparent des sujets proposés, provoquent la discussion, ouvrent le débat à l'intérieur comme à l'extérieur, et tout, absolument tout, devient possible.

Dès l'ouverture du concile, le ton est donné. L'ordre du jour de la première congrégation générale, convoquée le

13 octobre, prévoit l'élection immédiate des cent soixante membres des différentes commissions conciliaires. Les cardinaux et évêques à peine installés dans la basilique Saint-Pierre sont déconcertés. Des listes de noms circulent, inconnus de l'immense majorité d'entre eux. Soudain, à la table de la présidence, deux éminences se lèvent, à la stupéfaction générale, et protestent contre cette procédure : le cardinal Liénart (Lille) et le cardinal Frings (Cologne) exigent quelques jours de concertation et de réflexion. Et voilà que la basilique Saint-Pierre éclate en applaudissements prolongés ! Le vénérable cardinal Tisserant, qui préside, accepte la requête. Les organisateurs du concile – Ottaviani, Siri, Felici – sont médusés. La première séance de travail de Vatican II aura duré cinquante minutes[4].

Joseph Ratzinger, lui aussi, est fasciné par l'événement. Il n'assistait pas à la séance. Ce n'est pas lui – contrairement à ce qu'on dit souvent – qui a préparé le texte de son patron. Mais il sait, lui, que cet esclandre est capital car il bouscule beaucoup d'idées reçues : ainsi, on peut aller contre les avis de la curie ? Le concile n'est pas verrouillé du tout au tout ? La basilique Saint-Pierre ne serait donc pas une simple chambre d'enregistrement ? Beaucoup de jeunes prélats venus du tiers monde ou d'Europe de l'Est – comme un certain Karol Wojtyla, de Cracovie – commencent à comprendre que la curie romaine n'est pas une institution sacrée, et qu'il est possible de contester ses sentences.

Le duo Rahner-Ratzinger

Les évêques allemands et germanophones (Döpfner, Volk, Bengsch, König, etc.) entendent pousser leur avantage. C'est dans cet esprit, afin d'éviter un vote global et automatique des textes dogmatiques et doctrinaux proposés par la toute-puissante commission théologique, qu'ils décident de court-circuiter le premier grand débat prévu par les organisateurs. Le 10 octobre, une première conférence les réunit avec leurs collaborateurs et conseillers. Le schéma qui doit être discuté, et qui suscite beaucoup de réserves chez les Allemands, porte sur la Révélation. Il s'intitule *Schema constitutionis dogmaticae de fontibus revelationis*. C'est au benjamin de l'assistance que l'on demande de plancher sur le texte. Le jeune théologien connaît le sujet, sur lequel il a récemment soutenu sa thèse. Il a 35 ans, un visage poupin et une allure juvénile, au point que certains le surnomment l'«enfant de chœur». Il s'appelle Joseph Ratzinger.

L'idée qui prend corps – elle est de Karl Rahner – est de concocter sur le sujet un schéma alternatif destiné, au moins, à obtenir le report du débat. Cinq jours plus tard, les évêques à nouveau réunis au collège allemand pour débattre de ce projet alternatif sont surpris de voir le professeur Ratzinger leur soumettre – déjà – une ébauche de premier chapitre, dans un excellent latin. Coordonnés avec un autre texte de Karl Rahner, cette ébauche de contre-schéma deviendra, et pour un certain temps, le « texte Rahner-Ratzinger ».

Le 25 octobre, Frings a invité quelques cardinaux parmi les plus prestigieux – les réformistes König, Alfrink, Suenens, Liénart, mais aussi Montini (le futur Paul VI) et le très conservateur Siri – afin d'écouter les grandes lignes d'une ébauche de schéma alternatif. C'est encore Ratzinger qui fait l'exposé. Il commence à être connu. Sa compétence et sa modestie sont appréciées. Même Siri, hostile à la manœuvre, est obligé d'admettre la pertinence de son propos, suggérant habilement d'en réserver le contenu pour en faire – mais plus tard – une « lettre apostolique » !

La coopération Ratzinger-Rahner, en réalité, n'est pas

sans failles. La grande complicité qui unit alors les deux hommes masque de réelles divergences sur le fond, comme Ratzinger le racontera plus tard : « En matière de théologie, nous vivions sur deux planètes différentes ! » Rahner proposait une théologie « spéculative et philosophique » qui s'affranchissait des Pères de l'Eglise, aux antipodes de la démarche très institutionnelle de Ratzinger. Mais « il s'écoula encore un certain temps avant que nos divergences ne devinssent perceptibles de l'extérieur », note-t-il[5].

L'objectif des deux hommes, en ces jours fiévreux d'octobre 1962, est tactique : faire reporter le débat sur les sources de la foi. Ils y parviennent : le schéma initial est repoussé, puis entièrement refondu. Ce n'est qu'à la fin du concile, le 18 novembre 1965, que sera adoptée, après force remaniements, la constitution dogmatique *Dei Verbum* sur la Parole de Dieu. « Un des documents les plus importants du concile », dira le pape Benoît XVI lors d'un congrès organisé pour le quarantième anniversaire de ce texte, en novembre 2005.

Les avancées de Vatican II

Combien de jeunes prélats – et de moins jeunes – considéraient ainsi que l'Eglise des années 1950 était pompeuse, triomphaliste, cléricale et centralisée ! Combien estimaient qu'il fallait réformer cette institution « romaine », aussi rigide dans ses certitudes qu'archaïque dans son fonctionnement, située au-dessus d'un monde dont elle attend respect et obéissance ! Pendant trois ans, dans le sillage des éminences réformistes, Ratzinger est un des « mousquetaires » de la réforme conciliaire, un de ces théologiens qui ne cessent de ferrailler de leur plume pour que le concile sorte l'Eglise de sa gangue dogmatique, s'ouvre aux idées nouvelles, traite les problèmes de l'époque.

Combien de fois a-t-il connu l'effervescence des textes relus et corrigés dans les cafés du Borgo Pio, où l'on discute fiévreusement sur un alinéa, une note de bas de page, une virgule ! Des quatre coins de Rome aux instituts religieux d'Ariccia, près de Castel Gandolfo, où les principaux protagonistes du concile se retrouvent entre les deux dernières sessions, on ne cesse d'échanger des versions provisoires, de s'adresser des ajouts, d'élaborer de nouveaux schémas. Avec des airs de conspirateurs. Et en latin.

Ratzinger assiste ainsi le cardinal Frings en cette fameuse séance du 8 novembre 1963 où l'archevêque de Cologne est applaudi à tout rompre quand il dénonce, pour la première fois, les méthodes du Saint-Office « dont la procédure, à beaucoup d'égards, ne convient plus à notre époque, nuit à l'Eglise, et est un objet de scandale pour beaucoup ! ». Le soir même, Paul VI demande à Frings des propositions de réforme du Saint-Office. Frings transmet à Ratzinger qui s'attelle à ce nouveau chantier – sans se douter qu'un jour, c'est lui qui serait à la tête de cet organisme si contesté !

Ratzinger touche à de nombreux autres sujets. En avril 1965, il s'intéresse à la longue et laborieuse discussion[6] sur l'attitude de l'Eglise envers les juifs – l'épiscopat allemand, vingt ans après la guerre, est très sensible à ce thème – qui aboutira à la déclaration *Nostra aetate* du 15 octobre 1965, première étape dans le processus historique de rapprochement entre chrétiens et juifs. A l'automne, dans le débat animé sur l'activité missionnaire de l'Eglise, il contribue, dans une sous-commission, à élargir la responsabilité de l'annonce de l'Evangile aux laïcs et aux communautés locales – la hiérarchie épiscopale en confisquait jusqu'alors la tutelle – dans la rédaction du décret *Ad gentes*, qui sera finalement adopté à la quasi-unanimité le 7 décembre 1965.

Sur le statut et le rôle de l'Eglise, au cœur des préoccupations de Vatican II, les Pères conciliaires ont été invités à orienter leurs réflexions vers le fonctionnement interne de l'Eglise catholique *(ad intra)* mais aussi vers le monde extérieur *(ad extra)*. Ratzinger et son mentor ont participé, naturellement, à ce débat fondamental : l'Eglise, avec ses structures et ses clercs, est-elle une institution en dehors du monde, chargée de transmettre et d'appliquer la loi de Dieu de façon péremptoire, ou est-elle d'abord la communauté des croyants, prêtres et laïcs, incluse dans une réalité historique donnée, à la fois humaine et évolutive ? Cette question, qui a nourri le texte nommé *Schéma XIII*, a abouti à la constitution pastorale *Gaudium et Spes* sur « l'Eglise dans le monde de ce temps », considérée, en général, comme le texte majeur de Vatican II. L'évêque Karol Wojtyla a été très actif dans cette discussion-là, alors que l'expert Joseph Ratzinger se consacrait davantage à d'autres textes, comme la constitution dogmatique *Lumen Gentium* sur la nature et la mission de l'Eglise[7]. Ce qui explique que les deux hommes ne se soient pas rencontrés à cette époque. Le Polonais, qui s'est passionné pour le thème de la liberté religieuse, par exemple, ne s'est pas beaucoup investi dans un débat qui a beaucoup mobilisé l'Allemand : la réforme liturgique.

L'enjeu de la réforme liturgique

Au début du concile Vatican II, la réflexion sur le renouveau de la liturgie devait être principalement technique – un simple toilettage de rites parfois surannés, l'introduction de la langue du pays dans le déroulé de la messe, etc. Il est vite devenu crucial : derrière l'idée de la participation active du « peuple de Dieu » au déroulement de l'office s'est bientôt profilée une autre conception de l'Eglise, moins institutionnelle, moins hautaine, recoupant les préoccupations majeures des rénovateurs, notamment en France et en Allemagne.

Joseph Ratzinger s'est toujours intéressé au sujet. Encore enfant, il s'était passionné pour le *Schott*, ce missel paroissien en allemand qu'un bénédictin nommé Anselme Schott avait traduit avant la Première Guerre mondiale, et que les parents Ratzinger avaient offert à leur progéniture. Le petit Joseph s'était immergé dans « cette trame mystérieuse de textes et de gestes qui s'est développée au long des siècles », telle « une immense réalité surpassant tous les individus et toutes les générations ». Cette « réalité inépuisable de la liturgie catholique », fera perfidement remarquer le cardinal Ratzinger beaucoup plus tard, après la publication d'un missel postconciliaire, « jamais personne ne l'avait imaginée : ni autorité, ni grande personnalité »[8] !

Disciple du renouveau liturgique prôné par Romano Guardini et les théologiens allemands de l'entre-deux-guerres, acteur direct de la prise en compte de ce renouveau lors du concile Vatican II, Ratzinger n'est pas suspect, sur ce sujet, de conservatisme. Il ne peut imaginer, à l'époque, que la réforme de la liturgie va provoquer autant d'ébranlements, de conflits et d'excès au sein même du monde catholique. D'ailleurs, témoigne-t-il, le débat conciliaire sur le sujet fut « paisible, sans tensions profondes », et le texte *Sacrosanctum Concilium*, voté le 4 décembre 1963, n'était aucunement une « révolution », comme on l'a dit ensuite ! Le futur pape sera plus tard consterné par la dérive générale de la contestation liturgique après l'entrée en vigueur de la réforme en mars 1965, notamment en France. Cette dérive spectaculaire se retournera bientôt contre les objectifs des rénovateurs : ceux-ci visaient, contre les résistances de la curie romaine, à dégager de leur gangue archaïque la tradition et le sacré, or ceux-ci se voient à leur tour battus en brèche par la sécularisation accélérée et irréfléchie du calendrier liturgique, des rites de la messe, des cérémonies sacramentelles et des fêtes religieuses. Les Pères conciliaires, se demandera Ratzinger, n'ont-ils pas joué aux apprentis sorciers ?

CHAPITRE 5

Le choc de 1968

Le début des années 1960 est une période particulièrement faste pour Joseph Ratzinger. Une période d'ouverture tous azimuts : à d'autres courants de pensée, aux autres cultures, à l'intelligence de son temps, au reste du monde. A Rome, dans les couloirs du concile, il ne cesse d'élargir son horizon, de multiplier ses relations, de développer ses connaissances. Fréquenter assidûment les plus grands cardinaux de la curie, les prélats les plus influents, les théologiens les plus audacieux, est une chance exceptionnelle pour un jeune prêtre allemand frais débarqué de sa Bavière natale – comme pour un tout jeune évêque polonais nommé Karol Wojtyla qui, de son côté, vit les mêmes expériences et côtoie les mêmes éminences. Vatican II a été une fabuleuse école pour toute cette génération d'ecclésiastiques ordonnés au lendemain de la guerre. Sans le concile Vatican II, ni Karol Wojtyla ni Joseph Ratzinger n'auraient connu les parcours qui ont été les leurs, et aucun des deux, sans doute, ne serait devenu pape.

A Bonn aussi, le jeune professeur débutant se trouve au carrefour de familles de pensée et d'écoles scientifiques très diverses : dominicains, rédemptoristes, franciscains, etc. L'université de Bonn n'est pas loin de Cologne, Aix-la-Chapelle, Coblence ou Düsseldorf. La nuit, le jeune homme entend les sirènes des bateaux qui remontent le Rhin, au pied de sa résidence. Sa participation active au concile fait de Ratzinger un compagnon intéressant, et ses prises de position réformistes lui confèrent une certaine aura chez les étudiants. Il se fait beaucoup d'amis, comme l'historien Hubert Jedin, spécialiste du concile de Trente, ou le franciscain Sophronius Clasen, grand spécialiste de Bonaventure, ou encore l'indianiste Paul Hacker, un luthérien au tempérament fougueux.

Si les luthériens sont nombreux à Bonn, où l'œcuménisme est naturellement vécu comme un rapprochement entre catholiques et protestants, les orthodoxes sont rares. Or le professeur Ratzinger compte parmi ses élèves un jeune théologien nommé Damaskinos Papandreou, lui-même fils de pope, qui lui fait découvrir avec l'orthodoxie un autre versant, moins connu, de l'œcuménisme. Passionné par le sujet, Ratzinger va approfondir cette relation originale qu'il qualifiera même plus tard de « tournant dans sa vie » – lors d'une soirée privée, en 1998, à Genève, pour le soixantième anniversaire de son ancien étudiant devenu le très respectable Mgr Damaskinos, métropolite orthodoxe de Suisse ! Ratzinger, ému, confie ce soir-là qu'il porte toujours au cou une croix offerte, à l'époque, par cet étudiant assidu, et que cette croix « le rapproche physiquement de l'orthodoxie ».

Un autre de ses nouveaux amis, nettement plus âgé que lui, est le théologien Hermann Volk, professeur à Münster, en Rhénanie du Nord. Nommé évêque de Mayence au tout début du concile, Volk propose à son jeune collègue de prendre sa succession à la chaire de dogmatique. Après quelques hésitations, Ratzinger accepte et, à la rentrée de 1963, commence à dispenser ses cours à Münster. Il gardera longtemps, malgré tout, « la nostalgie de Bonn, de la ville au bord du fleuve, de sa gaieté et de son dynamisme intellectuel[1] ». Parmi ses étudiants figure un jeune Français, Joseph Doré, futur archevêque de Strasbourg, qui se souvient de

ses cours avec ravissement : « Il était brillant, splendide !
C'était beau, la langue était belle, la pensée était fine, la
proposition était juste. On l'appelait le docteur *Melifluus*
[en latin : « qui coule comme le miel »], tant pour la délicatesse de son expression que pour la finesse de sa pensée[2]. »

C'est à cette période que s'éteint Maria, sa mère, et que
son frère Georg est nommé maître de chapelle de la cathédrale de Regensburg (Ratisbonne), au bord du Danube.
L'ancienne cité impériale est devenue la capitale de la
Bavière du Nord. Pendant trente ans, Georg va diriger les
Regensburger Domspatzen (en allemand : les « Moineaux
de la cathédrale »), un chœur d'enfants célèbre dans le
monde entier. La musique est bien présente dans la vie de
Joseph, qui passe toutes ses vacances – quand le concile lui
en laisse le temps – chez son frère. Et qui aime toujours
autant Mozart.

Le temps du désenchantement

A l'été 1966, nouveau changement. L'un des plus
proches camarades de Joseph Ratzinger, le professeur Hans
Küng, l'invite à venir enseigner à l'université Eberhard Karl
de Tübingen, dans le Bade-Wurtemberg, où lui-même dispense ses cours de théologie depuis six années. Les deux
hommes se sont connus lors d'un congrès de dogmatique en
1957, à Innsbruck. Le premier venait de terminer le compte
rendu de la thèse du second sur l'œuvre du théologien protestant Karl Barth[3]. Ratzinger avait été charmé par « l'ouverture et la simplicité sympathiques » de Hans Küng, d'un
an son aîné. Quand ce dernier, en octobre 1963, voit son
livre *Le Concile, épreuve de l'Eglise* condamné par le
Saint-Office et brutalement retiré des librairies romaines à
la veille de la deuxième session de Vatican II, Ratzinger est
choqué. Quelles que soient les divergences qui animent

leurs conversations, notamment sur le sujet du concile, les deux hommes ont noué une relation de grande camaraderie. « Nous différions beaucoup, raconte Hans Küng, mais nul n'a besoin d'avoir son double pour ami, non[4] ? » Sans son ami Hans, qui défendit son dossier devant ses collègues, jamais Ratzinger n'aurait obtenu une chaire à Tübingen. Le paradoxe est que ce rapprochement amical dans une université ouverte, dynamique, où l'on aime les « confrontations », va précipiter la rupture entre les deux hommes.

Déjà, en juillet 1966, Ratzinger s'est publiquement désolidarisé des avancées radicales prônées par son camarade suisse. Cet été-là, il a tout juste défait ses valises à Tübingen qu'il se rend au 81e *Katholikentag* des Eglises allemandes, à Bamberg, pour y prononcer une conférence sur « Le catholicisme après le concile ». On se bouscule pour écouter le jeune théologien réformateur qui a accompagné avec tant d'enthousiasme le renouveau conciliaire. Or, voilà que Ratzinger parle d'emblée de « malaise », de « désenchantement », de « désillusion »[5]. Certes, il veille à tenir à distance aussi bien les « archaïques » qui se raccrochent à un passé médiéval idéalisé, que les « purs modernistes » qui regrettent que le concile ne soit pas allé beaucoup plus loin dans les réformes.

L'exposé mérite, quarante ans plus tard, d'être relu. Globalement, Ratzinger y justifie sans réserves les avancées de Vatican II sur deux points fondamentaux : le rapprochement de l'Eglise et du monde moderne, et l'ouverture à l'œcuménisme. Mais il se montre très nuancé sur le renouveau liturgique. Certes, il se réjouit de l'élimination de tous ces rites archaïques qui finissaient par occulter le sens profond de la liturgie, mais attention au « nouveau ritualisme » qui, sous prétexte de nouveautés ingénieuses, va tout autant cacher le sens des choses ! Certes, il défend le recours aux langues profanes à la messe – le latin lui-même n'avait-il pas jadis remplacé le grec devenu incompréhensible aux fidèles ? –, mais à condition qu'il ne débouche pas sur un nouvel « iconoclasme » qui interdirait, par exemple, de chanter le *Kyrie* à la messe ! Certes, il justifie l'aspiration générale à la simplicité du culte, mais à condition que cette exigence de dépouillement, légitime, ne fasse pas oublier qu'un office divin doit aussi être beau ! Et l'orateur de s'excuser, au terme de son exposé, de n'avoir pas dressé « un tableau plus optimiste, plus réjouissant et plus lumineux » de l'Eglise postconciliaire.

Quand tout va « de travers »

En réalité, à l'époque, Joseph Ratzinger constate que le fossé s'approfondit entre « ce que voulaient les Pères conciliaires » et « ce qui a ensuite marqué la conscience collective ». Il l'expliquera trente ans plus tard dans un autre livre : l'*aggiornamento* souhaité par Jean XXIII visait à proposer la foi catholique avec davantage de force, or, dit-il, cette démarche a été généralement comprise comme une façon pour l'Eglise de « jeter du lest », comme une dilution de la foi. Dès lors que les réformes prônées au concile semblaient viser à « rendre l'Histoire plus confortable », dit Ratzinger, il ne faut pas s'étonner « que tout soit allé de travers »[6].

Au cours de ces années de confusion, nombre d'acteurs de Vatican II – évêques, prélats, experts – se demandent s'ils n'ont pas ouvert une maléfique boîte de Pandore en confrontant trop brutalement l'Eglise avec le monde extérieur. Certains en sont tellement persuadés qu'ils vont freiner la mise en œuvre des réformes conciliaires, quitte à contester ostensiblement l'Eglise officielle et, parfois, à faire sécession. L'Eglise fait des efforts énormes pour aller vers le monde, pensent de nombreux observateurs sceptiques, mais la démarche n'est pas réciproque : voit-on pour autant le monde se tourner vers la foi chrétienne ?

Le débat échappe à ses initiateurs et se dilue dans un fatras théologique et politique incontrôlé, mortellement dangereux. Pour leur part, les anciens « réformistes » de Vatican II se séparent en deux camps. D'un côté, les radicaux poursuivant le combat intellectuel au-delà des cercles feutrés des commissions et sous-commissions conciliaires – c'est-à-dire dans les colonnes des journaux, au sein des facultés de théologie et au cœur même des paroisses. De l'autre, les ex-rénovateurs dépassés par les événements, occupés à défendre l'institution, à colmater les brèches, à réduire la fracture dans leurs amphithéâtres et leurs revues spécialisées. Hans Küng figure dans la première catégorie. Joseph Ratzinger va rallier la seconde.

La révolution en marche

C'est justement à cette époque que les sociétés occidentales – notamment la société ouest-allemande, à peine remise du traumatisme de l'érection du mur de Berlin en août 1961 – commencent à trembler sur leurs bases politiques et culturelles. Des campus de la côte ouest des Etats-Unis aux universités millénaires de la vieille Europe, les nouvelles générations issues du *baby-boom* d'après-guerre prennent la parole, contestent leurs aînés, critiquent l'ordre établi au nom de doctrines plus ou moins nouvelles, plus ou moins dévastatrices : l'existentialisme, le marxisme, le structuralisme, le gauchisme, le situationnisme envahissent les cours des facultés, y compris à Tübingen où les disputes intellectuelles sont, de tradition, encouragées.

Ratzinger participe à ces débats nouveaux. Il est aux premières loges. Et, au moins au début, il est plutôt à l'aise : « Brillant, clair, c'était un excellent pédagogue, qui avait le don de présenter simplement les questions les plus complexes, et dont les cours étaient très suivis », raconte un de ses anciens élèves[7]. Tout en fêtant avec faste le 150e anniversaire de la faculté catholique de théologie, il voit monter d'abord la pression existentialiste des Rudolf Bultmann et autres Ernst Käsemann[8] sur la théologie contemporaine, et il entend la réfuter sagement, en glissant dans son cours de christologie quelques forts arguments scientifiques. A l'époque, il achève de rédiger sa monumentale *Introduction au christianisme*[9], un travail de dix années qui l'absorbe entièrement. Pour lui, l'enjeu des discussions ambiantes, fussent-elles animées, est d'ordre intellectuel. Il ne comprend pas qu'une vague bien plus forte va tout emporter sur son passage : la théologie classique, le renouveau conciliaire, les débats sur l'Eglise, les fondements de la foi et jusqu'à la religion elle-même !

On comprend, en lisant ses mémoires, qu'il a très mal vécu cet épisode : « Le schéma existentialiste, raconte-t-il, s'effondra pratiquement en une nuit » pour laisser place à la « révolution marxiste » qui « se propagea dans toute l'université ». Y compris dans sa propre faculté. « Des années auparavant, écrit-il, on aurait pu s'attendre que les facultés de théologie servent de rempart à la tentation marxiste, or ce fut tout le contraire ! » Ce qui exaspère le jeune professeur, c'est l'utilisation de la foi chrétienne – passage obligé dans une faculté de théologie – pour mieux faire admettre des idéologies « tyranniques, brutales et cruelles ». La référence à la foi devient « mensonge », et cela lui est insupportable.

Un jour, à Tübingen, une délégation de maîtres assistants et autres « non-titulaires » interrompt brutalement son cours magistral et l'empêche de parler. Pour Ratzinger, c'est un traumatisme. Lui si tolérant, si respectueux, si prévenant, le voici balayé physiquement par des militants sans foi ni loi au service d'un projet intellectuel révolutionnaire et destructeur : « J'ai vu se dévoiler le hideux visage de cette ferveur athée, la terreur psychologique, l'absence de tout complexe avec laquelle on sacrifiait toute réflexion morale comme un relent bourgeois[10]... »

« Plus d'une fois, nous fûmes dérangés par des *sit-in* de contestataires qui n'avaient rien à faire dans nos cours, racontera plus tard Hans Küng. J'en fus moi-même très irrité, mais pour Ratzinger, ce fut un choc durable. Sa vie durant, il éprouvera un refus viscéral de tout ce qui vient "de la base", à commencer par la théologie de la libération[11]... »

La fuite à Ratisbonne

Pendant près de trois ans, Joseph Ratzinger assume, répond, anime, tout en s'efforçant d'enseigner et d'écrire. Non seulement il ne se tient pas à l'écart des événements, mais il les accompagne comme doyen de la faculté catholique de théologie, comme membre des instances dirigeantes de l'académie, comme membre de la commission chargée de réviser la Charte de l'université. Mais il ne supporte pas la démagogie. Un jour, en tant que doyen, il s'oppose farouchement à une motion de solidarité signée par un groupe d'enseignants en faveur d'un professeur de catéchèse, Hubert Halbfals, que l'évêque de Rottenburg – dont dépend Tübingen – a osé critiquer. Un autre jour, il fait barrage à la revendication d'un groupuscule d'étudiants catholiques qui entendent soumettre la nomination de l'aumônier de la faculté à un vote populaire ! Face à la déferlante idéologique, il choisit la résistance, qu'il mène avec deux collègues protestants, Ulrich Wickert et Wolfgang Beyerhaus : qu'importe les différences confessionnelles quand il s'agit de défendre la foi en Dieu !

Car Ratzinger n'est pas seulement choqué par la tournure

anarchique et libertaire que prennent les événements de 1968. Il y voit une vraie menace pour la religion catholique, foulée aux pieds par ceux qui devraient la défendre. Il n'oubliera jamais ce tract, émis par des étudiants de la faculté protestante de théologie, expliquant que la croix du Christ est une « glorification sadomasochiste de la douleur » et que les Evangiles sont « un moyen de tromper les masses sur une grande échelle ». Exigeant des élèves réunis en « assemblée générale » qu'ils renoncent à ces blasphèmes, l'ami Wickert est hué. Le futur pape entendra longtemps résonner dans sa mémoire le cri de son collègue protestant, hurlant dans le brouhaha :

— Que l'on n'entende plus crier parmi nous « Maudit soit Jésus » !

Le débat a viré au cauchemar. En 1969, épuisé, Ratzinger finit par accepter une chaire de dogmatique à l'université de Ratisbonne, une ville moins agitée – tout étant relatif – où l'accueillent son frère Georg et sa sœur Maria, dans la chaleur d'une maison tranquille nichée au cœur du quartier de Pentling, non loin du Danube. Là, au moins, les meneurs marxistes ne tiennent pas le haut du pavé, Dieu n'est pas une invention de la classe dominante, ni Mozart un artiste bourgeois à la solde du pouvoir capitaliste...

C'est à Ratisbonne, en avril 1970, que le professeur Ratzinger prend connaissance du nouveau missel, produit de la refonte liturgique générale voulue par le concile, rendu public par le Vatican quelques jours avant la semaine sainte. Ratzinger est effondré quand il constate qu'au lieu d'adapter la liturgie traditionnelle aux décisions et aux expérimentations intervenues depuis le concile Vatican II, ce nouveau missel est destiné à *remplacer* l'ancien dans les six mois de sa parution ! Jamais, dans l'histoire de l'Eglise, on n'avait ainsi opposé un missel à un autre : toute nouvelle synthèse, comme le *Missel romain* que Pie V conçut après le concile de Trente, lui-même révisé à trois reprises sous

Clément VIII, Urbain VIII et Léon XIII, était une adaptation des rites existants visant à unifier la liturgie de toute l'Eglise[12]. Cette fois, fulmine Ratzinger, on a opéré une « rupture » aux conséquences « tragiques » : faire croire que la liturgie peut être le fruit du travail d'érudits et de juristes faisant table rase du passé, c'est nier qu'elle soit un processus vivant ! Convaincu que « la crise de l'Eglise repose largement sur la désintégration de la liturgie », désormais, il n'aura pas de mots assez durs contre cette réforme.

De Concilium *à* Communio

Tous les théologiens du renouveau conciliaire n'ont pas vécu de la même façon ces années de forte agitation intellectuelle et politique. Avant même la fin de Vatican II, à l'automne 1964, comme un seul homme, ils ont fondé une revue appelée *Concilium*. L'éditorial du premier numéro, qui paraît en janvier 1965, est signé Karl Rahner et Edward Schillebeeckx. Joseph Ratzinger y signe un article sur « *Les implications pastorales de la doctrine de la collégialité des évêques* ». On remarque dans les premiers numéros les signatures de Hans Küng, Jean-Baptiste Metz, Maurice Nédoncelle, Hans Urs von Balthasar, Godfried Danneels, Walter Kasper, René Laurentin, René Rémond.

La fondation de la revue est encouragée par Paul VI : l'ex-cardinal Montini, qui connaît bien tous ces gens-là pour avoir été des leurs au début du concile, espère ainsi endiguer le flot des débats théologiques qui conduisent alors dans toutes les directions. Le pape va fonder aussi, en avril 1969, une Commission pontificale internationale de théologie, où l'on va retrouver beaucoup des théologiens animateurs de *Concilium* – y compris Karl Rahner et Joseph Ratzinger –, heureux de pouvoir faire ainsi contrepoids au Saint-Office toujours considéré comme le bastion du conservatisme, même s'il a été transformé, à la fin du concile, en « Congrégation pour la Doctrine de la foi ». Pour Paul VI, c'est aussi le moyen de garder un œil attentif sur leurs recherches et initiatives plus ou moins bouillonnantes.

Les dérapages postconciliaires et les dérives soixante-huitardes vont faire exploser cette génération de théologiens. Tandis que certains, comme Rahner, entraînés par leurs idées radicales et de plus en plus politiques, finiront par quitter la commission, d'autres contribueront à la recentrer sur les objectifs conciliaires. Ratzinger est du nombre. Il se retrouve en harmonie avec Henri de Lubac, Jorge Medina, Marie-Joseph Le Guillou, Louis Bouyer, Yves Congar, et aussi Hans Urs von Balthasar, avec qui il est devenu très ami et dont il loue la « grande clairvoyance ». Balthasar, à l'époque, se lie avec Luigi Giussani, fondateur du mouvement *Communio e Liberatio*, appelé à un grand avenir, et pas seulement en Italie.

C'est dans ce groupe que jaillit, en 1972, l'idée de fonder une nouvelle revue internationale de théologie qui fasse la part belle aux questions de culture et, surtout, qui ne se prenne pas « pour la nouvelle, la vraie Eglise, pour un second magistère ayant en poche la vérité sur le christianisme[13] ». *Communio* paraîtra à partir de 1974 en seize langues, et publiera des articles de personnalités aussi diverses que Jean Daniélou, Eric Aumônier, Olivier Clément, Jean-Marie Lustiger, Paul Poupard ou Paul Valadier – pour ne citer que l'édition en langue française. Membre de la rédaction en langue allemande, que rejoint le réformateur Karl Lehmann, futur président de la conférence épiscopale allemande, Joseph Ratzinger sera l'infatigable collaborateur de *Communio* jusqu'à son élection papale. L'un de ses premiers articles porte sur le livre magistral de son ami Hans Küng, *Etre chrétien*[14]. Le compte rendu est très critique. Küng, humilié, ne lui pardonnera jamais.

CHAPITRE 6

Archevêque de Munich

Le 24 juillet 1976, la nouvelle se répand à travers toute la Bavière : le cardinal Julius Döpfner, archevêque de Munich, est mort. Les catholiques sont stupéfaits. Le prélat n'était âgé que de 63 ans, et rien ne laissait penser à une disparition prochaine. Créé évêque par Pie XII en 1948 – à l'âge de 35 ans – il incarnait la renaissance de l'Eglise allemande après la tragédie hitlérienne. Nommé à Munich par Jean XXIII en 1961, il avait été, avec son collègue Frings, archevêque de Cologne, un des plus actifs animateurs du concile Vatican II, avant d'être élu à son tour, en 1965, président de la conférence épiscopale allemande. A cette époque, l'Eglise allemande est amplement tiraillée par les débats postconciliaires, et Döpfner a dû réaliser des prodiges d'équilibre pour maintenir son unité. Y compris en s'opposant à la curie, voire au pape en personne. Ainsi, quand Paul VI institua en 1966 une commission de haut niveau pour l'aider à prendre position sur la contraception, Döpfner en orienta les travaux dans le sens contraire à ce qui était prévu : en désaccord avec les Ottaviani et autres Wojtyla, il contribua à ce que cette instance se prononce majoritairement pour l'ouverture de l'Eglise sur le sujet en affirmant, dans ses conclusions, que « la contraception n'est pas intrinsèquement condamnable » ! On sait que Paul VI n'en tint pas compte et publia, le 25 juillet 1968, l'encyclique *Humanae vitae* condamnant les méthodes contraceptives. En Allemagne, beaucoup de catholiques furent choqués, et certains exigèrent « la démission du pape » !

Trouver un digne successeur à une forte personnalité comme Julius Döpfner, dans des conditions aussi inattendues, dans un contexte encore très conflictuel, n'est pas évident. Dans les couloirs du palais épiscopal, à Freising, des noms commencent à courir. Y compris celui de Joseph Ratzinger, dont la réputation dépasse largement les murs de l'université de Ratisbonne.

Un candidat qui rassure

Joseph Ratzinger a 49 ans. Il est en pleine possession de ses moyens. Doyen de sa faculté, vice-président de son université, il est heureux à Ratisbonne où il s'est fait construire une maison au n° 6 de la Bergstrasse. Heureux de donner ses cours, de conduire des thèses, de mener des recherches, de rédiger des articles dans des revues scientifiques. Il est conscient d'avoir acquis une réelle maturité intellectuelle dans le domaine de la théologie et de pouvoir « dire quelque chose de personnel, de nouveau », qui soit utile à l'Eglise. Quand on lui rapporte que son nom circule à propos de la succession de Döpfner, il ne veut pas le croire, arguant d'une santé précaire et de son « inexpérience en matière de direction et d'administration ».

C'est pourtant sur lui que se porte le choix de Paul VI. Les deux hommes se sont croisés au début du concile, en 1962, alors que le pape n'était encore que le cardinal Montini. Quatorze ans ont passé. Ratzinger n'est plus le jeune « expert » rénovateur à la mode qu'il était à l'époque de Vatican II – feu le cardinal Döpfner avait même fini par le trouver « un peu conservateur ». Mais Paul VI, pendant toutes ces années, a suivi avec bienveillance le parcours de ce théologien de premier ordre devenu un pourfendeur des excès postconciliaires. Paul VI a besoin de gens rassurants, surtout dans ces territoires germaniques (Allemagne, Pays-Bas, Suisse) où les épiscopats sont restés frondeurs.

Quand le nonce apostolique en Allemagne, Mgr Guido Del Mestri, se rend à Ratisbonne, le 25 mars 1977, Ratzinger est abasourdi. Sur le point de refuser la charge qu'entend lui confier Paul VI, il s'en ouvre à son confesseur et ami, le théologien Alfons Auer, lequel n'hésite pas une minute :

— Il faut que tu acceptes !

C'est ainsi que le 28 mai 1977, veille de la fête de la Pentecôte, par une belle journée ensoleillée, le professeur Joseph Ratzinger est ordonné évêque, dans une cathédrale de Munich restaurée, décorée et « joyeuse ». C'est Mgr Josef Stangl, évêque de Würzburg, qui lui impose les mains. Comme le jour de son ordination sacerdotale, Ratzinger a conscience de vivre un moment unique, un « sacrement » qui transcende la fonction et son nouveau titulaire. Quand il prie devant la célèbre colonne de la Vierge *(Mariensäule)* sur la Marienplatz, il a le sentiment très fort que tout cela est bien « réel ». Toute sa vie, il se référera à ce « réalisme » qui caractérise la religion catholique. Pour Ratzinger, la vérité du christianisme se reçoit ou se refuse, mais elle ne se discute pas. Elle est une réalité datée, rapportée, qui parle à la raison. Tout théologien, tout chrétien doit se mettre à son service. Le nouvel évêque, se référant à la troisième lettre de saint Jean, choisit comme devise : *Cooperatores veritatis* (« Coopérateurs de la vérité »). Dans un monde où « la question de la vérité a presque disparu », cette devise est tout un programme.

S'agissant du blason traditionnel, Mgr Ratzinger s'inscrit dans la continuité de ses prédécesseurs en gardant le Maure couronné qui y figure depuis mille ans – les historiens ne se rappellent plus très bien pourquoi –, flanqué d'une coquille et d'un ours. La coquille, signe que la vie est un pèlerinage, lui rappelle une parabole de saint Augustin qui rencontra un jour, sur une plage, un petit garçon cherchant à transvaser l'eau de la mer dans un trou à l'aide d'un coquillage et qui en tira ce précepte : « Il est plus difficile à ton intelligence d'appréhender le mystère divin que de transvaser la mer entière dans un trou de sable. » Pour un théologien épris de culture et de raison, voilà un fort opportun rappel à l'humilité.

Quant à l'ours, il évoque une légende liée à saint Corbinien, l'évêque présumé fondateur de Freising au VIIIᵉ siècle[1], dont Ratzinger a raconté cent fois l'histoire : un ours ayant dévoré le malheureux mulet de Corbinien en route pour Rome, le saint força l'animal à porter le fardeau de sa victime jusqu'à la Ville éternelle. Saint Augustin – encore lui – avait beaucoup développé l'image de la bête de somme, humble et docile, que l'évêque devait être pour Dieu en ce bas monde. Cet ours aura longue vie puisqu'il figurera plus tard « au naturel, lampassé et chargé d'un bât rouge croisé de noir » sur le blason du pape Benoît XVI.

Le nouvel archevêque (Munich-Freising est un archidiocèse depuis 1817) s'installe dans ses bureaux, au n° 5 de la Rochusstrasse, et se met au travail. Très vite, il est à son tour confronté aux divisions internes de l'Eglise allemande, où, entre progressistes et intégristes, les arguments ont fait place aux invectives. Les conflits sont nombreux, mais Ratzinger considère de son devoir de ne pas les éviter. « Un évêque qui ne chercherait rien qu'à éviter les ennuis est pour moi une vision repoussante », écrit-il[2]. Face aux tendances libérales, aux critiques du pape, aux surenchères populistes, l'archevêque Ratzinger répond en théologien, et fait montre, comme dit un journal allemand de l'époque, « de la plus solide connaissance en matière de tradition et de doctrine ». Le même journal estime que « parmi tous les conservateurs de l'Eglise, Ratzinger est celui qui possède la plus forte aptitude au dialogue[3] ». Lui-même est de plus en plus convaincu que l'Eglise doit se battre contre les modes, les tendances et les dérives du monde extérieur, sauf à risquer de s'y dissoudre : « L'Eglise, dit-il, ne doit jamais pactiser avec l'esprit du temps. »

Cardinal à 50 ans

Quelques jours après sa prise de fonction, au début du mois de juin 1977, une nouvelle surprise vient perturber le récent archevêque : le nonce Del Mestri l'informe, cette fois, que Paul VI entend le nommer cardinal au cours d'un prochain consistoire. Ce n'est pas, en soi, une nouvelle bouleversante : le siège archiépiscopal de Munich-Freising est traditionnellement dirigé par un cardinal. Ses prédécesseurs Faulhaber, Wendel, Döpfner étaient tous cardinaux. Mais pourquoi si vite ? Joseph Ratzinger vient d'être créé évêque, il a tout juste 50 ans, et il n'a aucune expérience de l'institution ecclésiale !

Le consistoire est convoqué pour le 27 juin 1977, à Rome. Parmi les quatre promus figurent aussi l'Italien Giovanni Benelli, nouvel archevêque de Florence, et le Béninois Bernardin Gantin, ancien archevêque de Cotonou. Joseph Ratzinger, peu habitué aux fastes romains, est impressionné par la cérémonie, d'autant plus qu'il fait enfin connaissance, à cette occasion, avec Paul VI. Certes, les deux hommes se sont parfois croisés depuis le concile, mais leur relation n'a jamais été approfondie. Nul ne sait exactement ce que le pape a dit, ce jour-là, à celui qui devait lui succéder trente ans plus tard. Mais on sait que ces deux intellectuels ont les mêmes précautions de langage, la même douceur dans le regard, la même gentillesse envers l'interlocuteur. Tous deux détestent les conflits. Et tous deux sont profondément inquiets pour l'avenir de l'Eglise.

Paul VI a enduré la crise postconciliaire depuis plus de dix ans, écartelé entre les contestataires intégristes rassemblés derrière Mgr Marcel Lefebvre (qu'il a suspendu de ses fonctions épiscopales en 1976) et les progressistes de tout poil. Il est fatigué, il sait que son temps est compté. Il veut donner à l'Eglise des dirigeants qui, en ces temps de troubles, ont montré leur solidité dans l'épreuve : de jeunes archevêques de grande culture, polyglottes, à la foi chevillée au corps, qui ont participé activement au concile Vatican II mais qui ont su raison garder. Des prélats qui savent conjuguer tradition et modernité. Des hommes qui le rassurent. Comme Ratzinger en Allemagne, ou Wojtyla en Pologne.

Wojtyla a quelques longueurs d'avance sur Ratzinger. Nommé archevêque de Cracovie en 1964 puis cardinal en 1967, le Polonais est déjà membre de plusieurs dicastères (Culte divin, Eglises orientales, Education catholique, Apostolat des laïcs) et surtout, il est le plus ancien secrétaire du conseil du Synode des évêques institué par Paul VI. Il préside, à ce titre, cette instance stratégique lorsque s'ouvre, à l'automne 1977, le synode sur la catéchèse et l'éducation religieuse – auquel participe aussi le nouvel archevêque de Munich. C'est l'occasion, pour Ratzinger, de faire connaissance avec son collègue de Cracovie qui, à l'époque, est déjà une « vedette ». S'il n'était pas polonais, Karol Wojtyla serait *papabile*.

La succession de Paul VI

Le 6 août 1978, à 21 h 40, Paul VI s'éteint dans sa résidence de Castel Gandolfo, à l'âge de 81 ans. Joseph Ratzinger, Karol Wojtyla et tous les cardinaux – la plupart sont en vacances – se voient notifier la nouvelle par le doyen du Sacré Collège, Carlo Confalonieri, qui les

convoque aussitôt à Rome. Ils sont bientôt cent onze éminences à se retrouver lors des congrégations générales qui
préparent, chaque jour, l'ouverture du conclave, prévue le
25 août. Agés respectivement de 51 et 58 ans, le Bavarois et
le Polonais sont parmi les plus jeunes des cardinaux en présence. Le premier fait partie des cardinaux allemands qui
ont commencé à suggérer, en coulisse, l'élection d'un pape
non italien. Le second n'ignore pas que son nom est avancé
par quelques audacieux prélats – comme le vieux cardinal
König, archevêque de Vienne. Au fil de ces réunions infor-
melles, puis des deux jours de conclave, les deux hommes
vont sympathiser, puis devenir amis. Les deux jeunes cardinaux partagent la même analyse sur les enjeux auxquels
est confrontée l'Eglise catholique. Le 26 août, ils sont
soulagés, l'un et l'autre, par l'élection d'Albino Luciani,
patriarche de Venise, qui prend le nom de Jean-Paul Ier.

C'est le début d'une relation profonde entre les deux
hommes. « J'ai reçu d'emblée le don de son amitié »,
racontera plus tard Ratzinger en soulignant, sans manières,
que le Polonais fut parfois très « paternel » à son égard[4].
« Je me suis spontanément très bien entendu avec lui »,
racontera-t-il par ailleurs en expliquant ce qui le séduisit
dans la personnalité du futur Jean-Paul II. D'abord la piété :
« En le voyant prier, j'ai vu, et pas seulement compris, que
c'était un homme de Dieu. » Quelles autres qualités l'ont-
elles touché chez le Polonais ? « Sa franchise, son ouverture, sa cordialité ; son humour ; son originalité, sa richesse
spirituelle, son sens du dialogue... » Mais aussi le fait qu'il
est le produit de la même histoire : « Celui-là, il a souffert
[...] Il a survécu à tout le drame de la Pologne occupée par
les Allemands puis par les Russes et le régime communiste
[...] Il a tracé lui-même le chemin de sa pensée, il s'est intéressé à la philosophie allemande, il a pénétré profondément
dans toute l'histoire de la pensée européenne[5]... » Karol
Wojtyla, aux yeux de Ratzinger, est d'abord un Européen.

Trente-trois jours plus tard, la nouvelle de la mort brutale du nouveau pape fait l'effet d'un coup de tonnerre dans toute la chrétienté. Elle fait réagir les deux hommes, mais à des titres divers. Pour Wojtyla, qui sait avoir eu quelques voix au conclave d'août, c'est l'amorce d'une sourde angoisse prémonitoire. Pour Ratzinger, comme pour beaucoup de cardinaux, c'est un signe de la Providence : « Qu'est-ce que Dieu a voulu nous dire ? Qu'est-ce que Dieu attend de nous à cet instant ? Nous étions convaincus que l'élection de Luciani s'était faite en relation avec la volonté de Dieu, et pas simplement d'une manière humaine. Et si, au bout d'un mois d'une élection conforme à la volonté de Dieu, il était mort, c'est que Dieu avait quelque chose à nous dire. » Et l'archevêque de Munich de voir dans ce drame la « possibilité d'innover[6] ».

Innover, en l'occurrence, signifie : chercher en dehors des Italiens. En direction du tiers monde ? Trop tôt. Vers l'Europe de l'Ouest ? Mais ces communautés-là n'ont pas encore surmonté leurs divisions postconciliaires. Alors, du côté de l'Europe de l'Est ? De l'Autrichien Franz König à l'Américain John Krol, quelques éminences ont émis cette hypothèse dès le premier conclave, et l'idée a fait son chemin. Du côté allemand, notamment. Le cardinal Ratzinger, qui pense à Wojtyla, n'a pas besoin de faire campagne pour son collègue polonais : quinze jours plus tôt, les cardinaux allemands ont reçu une délégation officielle de prélats polonais à Fulda, Francfort, Cologne, Essen, Munich, Mayence et Bonn. Le cardinal-archevêque de Cracovie a beaucoup impressionné ses hôtes, en particulier les cardinaux Höffner et Volk.

König, Krol, Höffner, Volk, Ratzinger et quelques dizaines d'autres vont donc briser une tradition vieille de cinq siècles et contribuer à élire un « non-Italien » sur le siège de saint Pierre. L'opposition entre deux Italiens, les cardinaux Benelli (Florence) et Siri (Gênes), dès les premiers votes du conclave, permet d'orienter les votes sur une tierce candidature venue d'ailleurs. Le 16 octobre 1978, au huitième tour de scrutin, le cardinal Wojtyla est élu pape, et prend le nom de Jean-Paul II.

« Nous vous voulons à Rome ! »

Le gouvernement de l'Eglise, à Rome, est très pesant et très bureaucratique. Porté à la tête d'une institution dont il n'est pas le produit, le nouveau pape court le risque d'être étouffé par la curie, même si cet organisme, que le concile Vatican II a beaucoup malmené, a connu nombre de réformes durant le pontificat de Paul VI. C'est pourquoi Jean-Paul II s'entoure de quelques personnalités de confiance. Pour remplacer le cardinal français Gabriel Garrone, 77 ans, à la tête de la Congrégation pour l'éducation catholique, il pense à Joseph Ratzinger :
— Nous vous voulons à Rome !
Pour Ratzinger, c'est un choc. Un nouveau débat de conscience. Sa nomination à l'archevêché de Munich date d'un an, et un départ si rapide ne lui semblerait pas correct vis-à-vis des fidèles de son diocèse. Il commence à peine à maîtriser sa charge, et il mesure sa nouvelle responsabilité. Quitter la Bavière, s'éloigner de sa famille, intégrer le Vatican qui a si mauvaise presse en Allemagne : tout cela ne lui plaît pas. Ratzinger décline l'invitation. Jean-Paul II respecte ce refus :
— Nous allons encore y réfléchir...
Mais il n'enterre pas pour autant l'idée de faire venir à Rome son talentueux ami allemand. En attendant mieux, il lui demande d'être rapporteur général du synode spécial sur « La famille dans le monde moderne » qui doit s'ouvrir à Rome le 26 septembre 1980. Jean-Paul II souhaite redynamiser cette institution inventée par Paul VI après le concile

pour mieux associer les évêques à la gestion des affaires de l'Eglise. Il vient de nommer pour cela un de ses proches, le cardinal Tomko, au secrétariat général. Associer Ratzinger à l'entreprise n'est pas un simple geste amical. Karol Wojtyla fut lui-même rapporteur général d'un synode en 1974, et il sait l'importance de la tâche. C'est précisément à cette assemblée qu'il va demander de confirmer, douze ans après leur promulgation houleuse en 1968, les principes énoncés dans l'encyclique *Humanae vitae* sur la contraception. Laquelle avait beaucoup plu aux fidèles polonais mais avait choqué, on se le rappelle, les catholiques allemands.

Cinq semaines après la fin de ce synode, Jean-Paul II s'envole pour l'Allemagne. Cela ne doit rien à son amitié pour Ratzinger. Il éprouve une véritable complicité avec les responsables de l'Eglise allemande, qui a commencé dès la fin du concile avec la rédaction de la fameuse lettre des évêques polonais aux évêques allemands – « Nous vous pardonnons et vous demandons pardon[7] » – et qui s'est développée lors des deux séjours de Mgr Wojtyla en Allemagne en 1977 et en 1978. Sans cette relation faite d'admiration et de respect réciproques, l'archevêque de Cracovie n'aurait pas été élu pape.

Jean-Paul II à Munich

C'est cette fraternité établie avec les prélats allemands qui lui a fait inscrire cette visite à son programme apostolique, malgré les risques d'incompréhension susceptible de surgir entre les turbulentes communautés catholiques allemandes et le pape de Rome. Le fossé a toujours été profond entre cette Eglise allemande riche en hommes, en moyens et en traditions, et le Vatican accusé outre-Rhin de rigidité, d'arrogance et de conservatisme. C'est aussi pour cela que les cardinaux allemands ont fait campagne pour un pape non italien. A Cologne, le Polonais est bien accueilli, mais il ne ménage pas ses interlocuteurs. Il rappelle aux croyants de ce pays qu'ils peuvent avoir des interrogations, mais qu'ils sont *aussi* l'Eglise. « Ne vous refermez pas sur vos préoccupations et sur vos problèmes ! » lance Jean-Paul II aux laïcs allemands, le 18 novembre, à Fulda, avant de gagner, dans la soirée, le couvent capucin Sankt Konrad, à Altötting, pour une rencontre avec les théologiens du pays.

Altötting, c'est le cœur de la région natale de Joseph Ratzinger. Lequel est aussi l'archevêque du lieu et un théologien parmi les plus grands. En sa présence, devant cette assemblée originale, Jean Paul II rappelle que la théologie est une science à part entière, mais « qu'elle présuppose la foi », et qu'un théologien catholique enseigne « au nom et sur le mandat de l'Eglise ». Pour le pape, le théologien « peut et doit avancer des propositions nouvelles », mais sans perdre de vue que « ses propositions ne sont qu'une offre faite à l'Eglise » : s'il y a divergence entre le théologien et l'Eglise, c'est au théologien de se remettre en cause. Le message, auquel Ratzinger a certainement contribué, est d'une clarté absolue. Que ceux qui ont des oreilles pour entendre...

Le lendemain, à Munich, une grand-messe réunit quelque 500 000 fidèles bavarois sur la Theresienwiese où se tenait, un mois plus tôt, l'*Oktoberfest*, la célèbre fête de la Bière. C'est l'archevêque Ratzinger qui accueille le pape. Et qui blêmit lorsqu'à la fin de l'office, s'emparant du micro, une jeune femme, porte-parole de la Ligue allemande de la jeunesse catholique (*Bund der Deutschen Katholischen Jugend*), explique soudain que « les jeunes ont de la peine à comprendre cette Eglise peureuse, attachée à l'ordre établi, qui refuse les réformes... ». Le propos est provocateur, il est surtout révélateur des tensions qui continuent d'agiter l'Eglise allemande, y compris sur ces terres bavaroises pourtant si catholiques. Jean-Paul II regarde Ratzinger, échange quelques mots avec lui, et, promptement, conclut la cérémonie.

Avant de quitter la Bavière, le pape explique, dans une rencontre avec les artistes allemands, qu'il n'y a pratiquement pas d'histoire de l'art en Europe qui ne dépende de l'inspiration chrétienne. A l'aéroport de Munich, avant de monter dans l'Airbus de la compagnie Lufthansa qui va le ramener à Rome, le pape redevient polonais et, non sans émotion, tire quelques enseignements des « tragiques conséquences » du second conflit mondial, qu'il qualifie de « terrible expérience de notre siècle ». Sur le tarmac où l'a accompagné l'archevêque de Munich, l'ancien archevêque de Cracovie devenu évêque de Rome en appelle à la paix entre les nations, tout particulièrement entre l'Allemagne et la Pologne. Le point d'orgue de ce voyage qui réunit de façon prémonitoire le nouveau pape et son successeur, c'est le « dépassement » de la Seconde Guerre mondiale. Tout un symbole.

CHAPITRE 7

Le gardien du dogme

Le 25 novembre 1981, le cardinal Joseph Ratzinger est officiellement nommé préfet de la Congrégation pour la Doctrine de la foi. Une année a passé depuis son refus de quitter Munich pour Rome. Une année marquée par un événement dramatique qui rappela à Ratzinger que le temps est compté à tout individu, fût-il un homme de Dieu : le 13 mai 1981, le terroriste turc Ali Agça faillit tuer le pape Jean-Paul II et, partant, changer le cours de sa vie. Or, le Bavarois n'est toujours pas sûr de sa vocation pastorale. Il demeure un intellectuel préoccupé par son œuvre théologique : depuis qu'il a été sacré archevêque de Munich, il a régulièrement collaboré à la revue *Communio* et édité trois nouveaux livres ! Mais il commence à s'essouffler : à la tête d'un archidiocèse aussi important, où les divisions sont loin d'être résorbées entre « conservateurs » et « progressistes », le temps lui manque pour continuer ses travaux d'écriture. Ne devrait-il pas y renoncer totalement s'il devenait préfet de la Congrégation pour la Doctrine de la foi, comme le pape le lui propose ? Il s'en ouvre à Jean-Paul II :

— Pourrai-je poursuivre mes travaux de théologien ? Est-ce que cela sera compatible avec ma nouvelle tâche ?

Jean-Paul II n'hésite pas une seconde. Il connaît la passion de celui qu'il veut faire venir à ses côtés. D'autres éminences ont gardé, dans leurs fonctions curiales, le goût de l'écriture. Lui-même n'a-t-il pas, dans le secret de son cœur, quelques poèmes rentrés ? Et n'a-t-il pas pris l'habitude, dans sa chapelle privée, de rédiger des textes de toute portée, y compris des écrits très personnels ?

— Aucun problème !

C'est tout. Jean-Paul II ne donne à son nouveau préfet aucune consigne, aucune orientation particulière. C'est lui, et lui seul, qui a choisi de nommer un théologien à ce poste. Il sait les incontestables qualités intellectuelles et la solidité des convictions de Ratzinger. Cela lui suffit. Pour le meilleur ou pour le pire, Karol Wojtyla a toujours fonctionné à l'instinct et à la confiance.

Rome, Citta leonina

Quatre mois plus tard, le cardinal Ratzinger quitte définitivement Munich. Lors de son pot d'adieu, le 15 février 1982, il lance à son entourage :

— Toutes les nouvelles qui viennent de Rome ne sont pas agréables !

A son ami Damaskinos Papandreou qui le félicite et lui demande quelle continuité il y aura entre son ancien professeur et le nouveau préfet de la congrégation, Joseph Ratzinger répond : « Le professeur et le préfet sont une même personne, mais les deux dénominations désignent des fonctions auxquelles incombent des tâches différentes : en ce sens, il y a différence mais non contradiction. » Des propos que l'on se remémorera, vingt-trois ans plus tard, lorsque le préfet sera élu pape...

Joseph Ratzinger pose ses valises au quatrième étage d'un immeuble de la *Citta leonina*, en face de la caserne des gardes suisses, tout près de la place Saint-Pierre. Il aura bientôt pour voisins l'Italien Pio Laghi, ancien nonce à Washington, et, plus tard, le Colombien Dario Castrillon

Hoyos, farouche adversaire de la théologie de la libération. Chaque matin, à l'heure où le serveur bengali du camion-bar posté sous ses fenêtres se prépare à accueillir les premiers touristes, Joseph Ratzinger quitte son immeuble à pied, vêtu d'un simple pardessus noir et d'un béret basque, une serviette en cuir élimé sous le bras. Il traverse la place de la *Citta leonina*, franchit la colonnade du Bernin et gagne tranquillement son bureau situé place du Saint-Office, de l'autre côté de la place Saint-Pierre, non sans répondre aimablement au salut des pèlerins qui le reconnaissent.

Le préfet d'un des plus importants dicastères de l'Eglise, l'homme chargé de veiller à la bonne tenue doctrinale d'un milliard de catholiques, reste modeste et disponible. Et il le restera. Le jeudi, il va dire la messe en allemand dans la petite église de la Maison des étudiants allemands, au cœur de Rome. Le dimanche, il va parfois célébrer l'office à la paroisse romaine de Sainte-Marie-Consolatrice qui lui a été dévolue en même temps que la barrette cardinalice, puis, après 1993, dans le diocèse « suburbicaire » de Velletri-Segni, lié à sa dignité de cardinal-évêque. Il n'aime ni les pompes ni les dîners en ville. Il n'entre pas non plus dans les *combinazzione* qui agitent régulièrement le petit monde du Vatican. « Le monde de la curie, en soi, m'était tout à fait étranger », dira-t-il plus tard[1].

« Nous ne sommes pas des monstres »

La Congrégation pour la Doctrine de la foi est une des plus anciennes institutions du Vatican : c'est le pape Paul III qui l'a fondée en 1542, sous l'appellation de « Sacrée Congrégation de l'Inquisition romaine et universelle ». Objectif : défendre l'Eglise contre les hérésies de toutes sortes. Mais le mot *Inquisition* ayant été mêlé à tous les excès et troubles de la chrétienté au Moyen Age – massacres d'hérétiques, tortures publiques, tribunaux meurtriers, révoltes populaires –, le pape Pie X rebaptisa le dicastère « Sacrée Congrégation du Saint-Office » en 1908. A la fin du concile Vatican II, nouveau changement : les Pères ayant eu souvent maille à partir avec le Saint-Office, au point d'en faire le bouc émissaire des blocages institutionnels et dogmatiques de toute l'Eglise, Paul VI en décida la réforme et, en décembre 1965, le baptisa de son nom actuel.

La Congrégation est composée de vingt-trois membres assistés d'une trentaine de conseillers *(consultori)*, en général professeurs dans les universités pontificales romaines, et d'une quarantaine de fonctionnaires *(ufficiali, scrittori, ordinanze,* etc.) pour les tâches administratives. En juin 1988, dans le cadre d'une réforme générale de la curie, Jean-Paul II précisa la tâche de ce dicastère, spécifiquement chargé de « promouvoir et protéger la doctrine et les mœurs conformes à la foi dans tout le monde catholique ». Pour ce faire, désormais, il lui faut aussi « favoriser les études destinées à faire croître l'intelligence de la foi pour qu'à la lumière de la foi, on puisse donner réponse aux nouveaux problèmes nés du progrès des sciences et de la civilisation[2] ». On sent, dans cette formulation nouvelle, la « patte » du théologien qui le préside.

Il n'est pas un évêque au monde qui ne connaisse la Congrégation, puisque les visites *ad limina*[3] effectuées périodiquement par les évêques des quatre coins du monde passent obligatoirement par les bureaux du palais du Saint-Office. « Nos partenaires immédiats sont les évêques », dira un jour le préfet Ratzinger. Pendant un quart de siècle, celui-ci a donc régulièrement reçu les principaux cadres de toute l'Eglise « pour un échange mutuel d'informations et pour un approfondissement des problèmes relatifs à la situation doctrinale » de leurs pays respectifs. Pendant que Ratzinger en tirait d'intéressantes leçons sur l'état de l'Eglise universelle, les évêques du monde entier pouvaient constater que cet homme délicat, ouvert, bienveillant et presque timide n'était en rien le « Grand Inquisiteur » de la légende.

— Qui entre en contact avec nous voit bien que nous ne sommes pas des monstres, répondra un jour Ratzinger au journaliste Peter Seewald[4].

Tous les témoignages de cette époque concordent : le préfet Ratzinger n'est ni autoritaire ni directif. Jamais il n'impose son point de vue. Sa méthode consiste à écouter les avis, analyser les données, prendre conseil, affiner la réflexion jusqu'à ce qu'un consensus se fasse jour chez les personnes compétentes, théologiens et autres experts. « On procédait de façon très collégiale, raconte un de ses anciens collaborateurs. Il faisait parler tout le monde. Il n'était pas rare qu'il fasse sienne l'opinion du plus jeune d'entre nous – il disait que c'était la règle de saint Benoît, où même le moine le plus jeune peut offrir un avis utile sur la marche du monastère[5] ! » Ratzinger lui-même explique qu'il est incapable d'agir autrement : « Je n'oserais jamais imposer mes propres idées. Je me considère comme le modérateur d'une grande communauté de travail. Rien n'est décidé si les consulteurs ne sont pas tous d'accord sur l'essentiel[6]... »

Ce refus d'imposer ses propres vues a failli faire capoter une des plus importantes avancées œcuméniques réalisées sous le pontificat de Jean-Paul II. Pendant plusieurs années, à la demande de ce dernier, la Fédération luthérienne mondiale et le Conseil pontifical pour l'unité des chrétiens ont cherché à rapprocher leurs points de vue sur la doctrine de la « justification » – qui veut que l'homme devienne « juste » par sa seule foi, qui est un don de Dieu, et non pas par sa bonne conduite entérinée par l'institution ecclésiale. Cette querelle récurrente, principale pomme de discorde entre catholiques et protestants, fait l'objet d'une première ébauche de compromis en 1995, puis d'une autre en 1997, jusqu'à ce qu'un texte commun soit accepté par les deux parties au début de l'année 1998. Ratzinger, qui siège aussi au Conseil pour l'unité des chrétiens et qui ne compte que des amis du côté luthérien, se réjouit publiquement de cet accord... avant de constater qu'il pose encore des problèmes à une majorité des consulteurs de sa propre Congrégation. Impossible d'ignorer les objections de ses propres conseillers ! Il faudra l'insistance personnelle de Jean-Paul II pour que la *Déclaration commune sur la doctrine de la justification* soit enfin présentée solennellement à la salle de presse du Vatican le 25 juin 1998, en même temps qu'une curieuse « annexe » contenant, à l'étonnement des initiés, les réserves de la Congrégation pour la Doctrine de la foi !

Un catéchisme pour tous

En même temps qu'il est nommé préfet de la Congrégation pour la Doctrine de la foi, Ratzinger devient automatiquement président de la Commission biblique pontificale et président de la Commission théologique pontificale internationale, dont il était déjà l'un des animateurs. Cette dernière instance réunit une trentaine de membres, généralement des universitaires de renom, lors de sessions d'une semaine consacrées à des thèmes ardus qui vont faire, pendant toutes ses années romaines, le bonheur de Ratzinger : « Ces réunions le rendaient joyeux, raconte un membre de la commission. Il les trouvait souvent plus intéressantes que les réunions de la Doctrine pour la foi. Il était toujours très à l'aise, passant d'une langue à l'autre, animant avec beaucoup d'élégance ces confrontations intellectuelles qu'il introduisait et concluait lui-même en latin, comme le veut la tradition[7]. »

Ratzinger est devenu, d'emblée, un des hommes les plus influents du Vatican. D'autant qu'il est aussi un des conseillers les plus proches de Jean-Paul II. Quel autre prélat peut se vanter d'une audience personnelle chaque vendredi, à 18 h 30, dans le célèbre bureau du troisième étage du Palais apostolique ? Certes, Jean-Paul II entend se tenir informé des différents dossiers touchant la doctrine, mais il pourrait se contenter pour cela des séances de travail du mardi, en fin de matinée, souvent poursuivies le temps du déjeuner, avec le préfet de la Congrégation pour la Doctrine de la foi entouré de ses principaux experts. Or, le pape prend un vrai plaisir à bavarder en tête à tête avec Ratzinger : le pape et le préfet, le Polonais et l'Allemand, le philosophe et le théologien, le mystique et le rationnel, le pasteur et le savant aiment confronter leurs analyses, souvent très complémentaires, et se retrouvent, en général, en « profonde harmonie ». Si le vrai patron du Saint-Siège est le secrétaire d'Etat, auquel Jean-Paul II a vite délégué la quasi-totalité de ses pouvoirs temporels, il y a bien, au Vatican, un « vice-pape » en la personne du discret et très courtois cardinal Ratzinger.

Personne, à Rome, ne s'étonne quand Jean-Paul II le nomme, en 1983, président du VIe synode des évêques (sur la réconciliation et la pénitence), et, surtout, en 1986, président de la Commission pour la préparation du nouveau catéchisme de l'Eglise catholique. A l'occasion du 20e anniversaire du concile, quelques mois plus tôt, un cardinal américain avait émis l'idée d'un nouveau catéchisme universel. L'initiative plut à Jean-Paul II. L'entreprise, un des hauts faits de son pontificat, va durer cinq ans. Qui mieux que Ratzinger pouvait ainsi écouter, coordonner et synthétiser les points de vue de quinze prélats spécialisés, eux-mêmes nourris des avis d'un millier d'évêques du monde entier, sur un projet aussi fondamental et aussi conflictuel ? Le cardinal travaillera étroitement avec Christoph Schönborn, un jeune et talentueux évêque autrichien qu'il connaît bien puisqu'il fut naguère son élève.

Mais le projet du pape n'est pas du goût de tous. Nombre d'épiscopats, en Europe, y voient la volonté « romaine » de reprendre en main les Eglises locales. En Allemagne, notamment, où l'on n'a jamais rejeté l'antienne *Los von Rom !* (« En dehors de Rome ! »). En France également, où la tradition gallicane reste, elle aussi, vivante. A peine installé, Ratzinger s'est mis à dos une partie des épiscopats hollandais et français en vantant ostensiblement les mérites du *Catéchisme romain*, celui du concile de Trente, critiquant à haute voix les tentatives de renouveau catéchétique dans ces pays. En janvier 1983, l'archevêque de Lyon, Albert Decourtray, primat des Gaules, publie même un communiqué rageur pour se démarquer des propos tenus lors d'une conférence prononcée dans son archidiocèse par le cardinal-préfet[8]. Pour les mêmes raisons, Ratzinger s'attire les foudres de l'épiscopat allemand en décembre 1992 lors de la publication du nouveau *Catéchisme de l'Eglise catholique*, lequel s'inscrit trop clairement, aux yeux de ses compatriotes, dans la continuité du *Catéchisme romain* de 1566. Il coupe l'herbe sous le pied de nombreux épiscopats en train d'élaborer – comme aux Etats-Unis ou en Italie – leur propre catéchisme.

Or, où iraient l'Eglise et son milliard de fidèles si chaque conférence épiscopale éditait, dans son coin, sa propre façon de concevoir le péché, les anges, le jugement dernier, le mariage, la trinité de Dieu, la virginité de Marie et pourquoi pas le *Credo* ? Combien de fois le cardinal Ratzinger a-t-il justifié ses rigides et intransigeantes interventions par cette phrase cinglante :

— Ma tâche, c'est l'unité de l'Eglise !

L'unité du troupeau

On ne comprend rien au travail mené par Joseph Ratzinger pendant vingt-trois ans si on oublie que sa hantise, son obsession, c'est l'éclatement de l'unité de l'Eglise catholique. C'est en pensant à l'unité du « troupeau » que Jean-Paul II, « pasteur universel », compte sur lui pour pointer du doigt et remettre au pas, si possible, tous les fauteurs de désunion : dissidents traditionalistes, théologiens contestataires, etc. Et tant pis si cela ressemble à un renforcement de la discipline et à un retour au centralisme romain. Ratzinger n'est pas dupe : « Que dans ma fonction romaine, je doive me charger de nombreuses tâches désagréables, ce fut clair dès le début[9] ! »

Dans une lettre adressée le 8 avril 1988 à la Congrégation pour la Doctrine de la foi, le pape confirme ce souci de l'unité de l'Eglise. Il rappelle qu'il désapprouve aussi bien le « progressisme » que le « conservatisme », admet que le concile a entraîné « certains abus, par exemple dans le domaine liturgique », et invite le cardinal Ratzinger à faire preuve de « perspicacité, prudence et largeur de vue ». Puis il l'invite explicitement à régler le cas de... Mgr Marcel Lefebvre, l'ancien archevêque de Dakar devenu le chef de file des intégristes !

Ce dossier-là est paradoxal. Mgr Lefebvre est viscéralement hostile à la réforme de la liturgie et, plus globalement, il dénonce le concile Vatican II comme une erreur. Si le vieux prélat ne condamnait pas l'œcuménisme, le cardinal Ratzinger ne serait pas loin de partager ses vues ! N'a-t-il pas plusieurs fois regretté que l'on n'ait pas laissé célébrer la messe selon le rite ancien – le fameux « rite de saint Pie V » – concurremment avec celui qu'instaura Paul VI après le concile ? N'a-t-il pas expliqué lui-même, à propos des « exagérations » postconciliaires, qu'une « restauration » était souhaitable[10] ? Le prédécesseur de Ratzinger, le cardinal Seper, qui n'était pas non plus un progressiste, a tout fait pour calmer et marginaliser le chef de la Fraternité Saint-Pie-X, que le pape Paul VI lui-même, dès 1976, avait suspendu *a divinis* (l'interdisant « de tout ministère »). En vain. Et voilà que depuis son fief d'Ecône, en Suisse,

Mgr Lefebvre vient de lancer un terrible défi au Vatican : à 83 ans, il envisage d'assurer sa succession en créant des évêques.

Pour Joseph Ratzinger, c'est un drame. La consigne est claire : il faut tout faire pour éviter le schisme ! Mais les avertissements théologiques, les lettres implorantes, les tête-à-tête passionnés, et même une invitation personnelle du pape, acheminée par Ratzinger à la toute dernière minute, n'y font rien. Le jeudi 30 juin 1988, à Ecône, devant dix mille fidèles ravis, Mgr Marcel Lefebvre crée solennellement quatre évêques. Et se trouve aussitôt excommunié *latae sententiae* (« du fait même de la faute commise »), ainsi que ses quatre disciples consacrés. La rupture avec Rome est consommée.

Pour Ratzinger, comme pour Jean-Paul II, c'est un désolant échec, que ne compensera pas la rapide publication d'un texte autorisant certaines pratiques liturgiques antérieures à Vatican II *(Ecclesia Dei afflicta)* et la tardive mise sur pied d'une Fraternité Saint-Pierre destinée à « récupérer » les intégristes hésitants – ceux qui veulent, malgré tout, rester dans le giron de l'Eglise officielle, apostolique et romaine. Dix ans plus tard, en octobre 1998, ils seront deux mille, majoritairement français, à être reçus ostensiblement au Vatican par le cardinal Ratzinger en personne. « Dans le courant lefebvriste, explique celui-ci, il faut distinguer un noyau dur, qui est fondamentalement hostile au concile, et des fidèles qui ont la nostalgie d'une liturgie plus contemplative[11]. » Le futur pape ne partage-t-il pas lui-même cette nostalgie ?

La remise au pas des théologiens

Curieusement, on garde moins de Ratzinger le souvenir de l'excommunication de Mgr Lefebvre, aux conséquences profondes et durables, que de ses interventions pour remettre au pas tel ou tel théologien contestataire. Passons sur le cas de son vieil adversaire Hans Küng, de plus en plus critique vis-à-vis de Rome, dont le cas a été réglé par son prédécesseur en décembre 1979 : ni excommunié ni même relevé de sa prêtrise, le théologien suisse a été privé de sa *missio canonica*, c'est-à-dire de la reconnaissance officielle de l'Eglise qu'il est bien « professeur de théologie catholique ». Une « sanction » qui n'empêche pas de continuer à enseigner, de publier des livres et de célébrer la messe. La règle est simple : un théologien ne peut se dire « catholique » que s'il travaille dans le cadre de la doctrine de l'Eglise.

Cette règle, Ratzinger l'a découverte pendant ses études à Freising. En 1949, lorsque le pape Pie XII lança une consultation sur la promulgation du dogme de l'Assomption de la Vierge Marie, les théologiens allemands contestèrent bruyamment cette initiative, d'abord parce qu'elle manquait de fondements historiques, ensuite parce qu'elle allait leur attirer les foudres de leurs collègues protestants. Les professeurs de Ratzinger, à Munich, étaient au cœur de la fronde, en particulier le très respectable professeur Gottlieb Söhngen, son propre directeur de thèse.

— Et si le pape ne suit pas vos avis ? avait-on demandé à Söhngen.

— Alors je me souviendrai que l'Eglise est plus sage que moi, et je lui ferai plus confiance qu'à ma petite science, avait répondu l'éminent professeur [12] !

C'est au respect de cette règle toute simple – se soumettre ou se démettre – que sont appelés l'Américain Charles Curran (1986), l'Allemand Eugen Drewermann (1993), le Belge Jacques Dupuis (2001) et quelques autres enseignants de renom. Pas toujours avec élégance : la procédure étant écrite, les échanges d'arguments entre ces théologiens et l'institution ecclésiale manquent souvent d'humanité.

Mais, contrairement à la légende entretenue par le souvenir de la sainte Inquisition, ils sont rarement brutaux. Au théologien français Pierre Eyt qui avait démoli une thèse de Ratzinger dans un article de *La Croix* en 1999, le préfet de la Congrégation pour la Doctrine de la foi répondit par... une lettre adressée au « courrier des lecteurs » de ce journal !

La théologie de la libération

En 1985, le préfet Ratzinger propose ainsi au Brésilien Leonardo Boff d'observer un « silence pénitentiel » d'un an avant de décider de rester ou non dans le cadre officiel de l'Eglise. Le dossier du père Boff est particulier. D'abord parce que ce franciscain marxisant a été naguère, lui aussi, l'élève du professeur Ratzinger. Ensuite, parce qu'il est énergiquement soutenu par les deux plus éminents cardinaux brésiliens (Arns et Lorscheider), qui l'accompagnent jusque dans les bureaux de la Congrégation ! Enfin parce qu'il incarne, à lui tout seul, les projets, les dérives et les contradictions de la « théologie de la libération ». L'expression, inventée dix ans plus tôt par le Péruvien Gustavo Guttierez, recouvre l'engagement des chrétiens dans la lutte contre le système politique en place, au risque de la collusion avec les militants marxistes et les groupuscules révolutionnaires. Et au risque de diviser irrémédiablement les catholiques entre eux.

La théologie de la libération avait déjà fait l'objet d'une première condamnation par Jean-Paul II à Puebla (Mexique) en 1979. Elle fait l'objet, en septembre 1984, d'un texte de Ratzinger intitulé *Instructions sur certains aspects de la théologie de la libération*. En substance : certains des fondements de la théologie de la libération sont acceptables, voire positifs (comme l'« option préférentielle pour les pauvres »), d'autres sont inacceptables (comme la lutte des classes). Pas question, en substance, de confondre l'Exode et la Révolution, Jésus-Christ et Che Guevara ! Ni de voir un jour, mitraillette au poing, des prêtres de base donner l'assaut au palais épiscopal du coin sous prétexte que l'évêque entretient des relations trop étroites avec le dictateur local ! Joseph Ratzinger et Jean-Paul II, là-dessus, se rejoignent : la défense des pauvres, oui, la lutte des classes, non. Vingt mois plus tard, une *Instruction sur la liberté et la libération chrétiennes* de la même Congrégation pour la Doctrine de la foi vient compléter – et nuancer – cette première condamnation tout en rappelant que la vraie « libération » de l'homme, c'est celle que propose le Christ.

Le 24 février 2005, lors des funérailles de Luigi Giussani, fondateur du mouvement *Communio e Liberatio*, le cardinal Ratzinger évoquera les « années 68 » et l'Amérique latine, où l'un des premiers groupes de Giussani avait découvert « la pauvreté extrême ». Quelle attitude les chrétiens devaient-ils adopter face à la misère ? La « grande tentation », dit le futur pape, était de « faire abstraction du Christ pour faire face aux urgences, transformer les structures, etc. ». Mais le risque était alors de « changer le christianisme en moralisme, de remplacer la foi par l'action », et tôt ou tard de « tomber dans les particularismes, de perdre ses critères et ses orientations ». A ce jeu-là, résume-t-il, « on ne construit pas, on divise ». Et on se perd dans les « vallées obscures » des idéologies qui, sous couvert de libération, en arrivent à menacer d'« éliminer les siens physiquement » !

La théologie de la libération peut-elle être perçue de la même façon par un militant chrétien d'Amérique latine et par un prélat venu du cœur de l'Europe ? Un Wojtyla, un Ratzinger ont une appréhension très précise du marxisme et de la lutte des classes, qui reste forcément influencée par leurs représentations extrêmes : le Goulag (pour le premier) et le mur de Berlin (pour le second). De même, leur histoire personnelle a façonné chez ces deux hommes, comme chez la plupart des cardinaux de la curie, une vision « européenne » du christianisme qui englobe la doctrine, la théologie, la liturgie, la culture, la représentation artistique, les symboles, le calendrier, mais aussi les habitudes de travail, les centres de pouvoir, le financement et l'enseignement.

Or, les modèles européens du christianisme, en sensible perte d'audience, peuvent-ils répondre, seuls, à la concurrence du marxisme, de l'islam, des sectes ou des sagesses asiatiques ? La curie romaine peut-elle continuer à condamner systématiquement tous ceux qui, au risque de se brûler les ailes, cherchent à jeter des ponts vers les masses latino-américaines, les cultures africaines, les spiritualités orientales ?

CHAPITRE 8

L'Europe au cœur

— Je lance vers toi, vieille Europe, un cri plein d'amour : retrouve-toi toi-même ! Sois toi-même ! Découvre tes origines ! Ravive tes racines ! Revis ces valeurs authentiques qui ont rendu ton histoire glorieuse, et bienfaisante ta présence sur les autres continents !

Joseph Ratzinger vient de s'installer définitivement à Rome lorsque Jean-Paul II lance cet appel passionné depuis Saint-Jacques-de-Compostelle, le 19 novembre 1982. Cette dimension européenne du pape polonais, le prélat allemand ne la soupçonnait pas. Comme ses collègues de la curie, bien sûr, il a été impressionné par les divers saluts que Jean-Paul II a adressés aux populations persécutées derrière le rideau de fer, et, depuis les grèves de Gdansk en août 1980, par son ostensible soutien au syndicat *Solidarnosc*. Les Allemands de l'Ouest – bien plus que les Français – ont suivi avec passion l'épopée polonaise, comme tout ce qui engage l'avenir de leurs voisins de l'est, comme tout ce qui peut nourrir leur espérance de voir un jour l'Allemagne se réunifier. On a remarqué, outre-Rhin, les gestes d'affection lancés par le « pape slave » en direction des Lituaniens, des Tchécoslovaques, des Ukrainiens. Le 13 mai 1981, l'attentat perpétré contre Jean-Paul II a bouleversé les Allemands qui y ont vu, comme beaucoup d'autres à l'époque, la main du KGB. Le 13 décembre suivant, l'« état de guerre » brutalement décrété par le général Jaruzelski en Pologne a provoqué, en Allemagne de l'Ouest, une vive émotion et un formidable élan de solidarité en direction de ce pays.

Comme tous ses compatriotes, l'ancien archevêque de Munich a suivi avec attention ces péripéties géopolitiques. L'actualité internationale n'entre pas dans les attributions du préfet de la Congrégation pour la Doctrine de la foi, certes, mais le sort de l'Europe l'intéresse. Le sujet va nourrir certaines des fameuses conversations que le pape polonais et le cardinal allemand poursuivent en tête à tête, le vendredi soir, dans les appartements privés du Saint-Père.

La chute du mur de Berlin

Jean-Paul II a toujours soutenu le processus de construction européenne. Il n'a jamais accepté la division du vieux continent en deux camps antagonistes. Combien de fois le pape polonais a-t-il souhaité que « l'Europe respire avec ses deux poumons » ! Combien de fois a-t-il parlé de l'Europe comme si sa réunification future était historiquement inéluctable ! Ainsi, le 20 mai 1985, à Bruxelles, il rappelle que l'Europe a la même culture à l'ouest et à l'est, fondée sur la même tradition chrétienne d'« ouverture aux autres ». Le 5 mai 1987, alors que Jean-Paul II vient de béatifier un jésuite antinazi dans son ancien diocèse de Munich, Joseph Ratzinger l'entend s'interroger à haute voix sur l'avenir du vieux continent quand il sera réuni « de l'Atlantique à l'Oural » : sera-ce une Europe aux racines chrétiennes retrouvées, ou une Europe fondée sur de faux humanismes sans références ? Le 11 octobre 1988, à Strasbourg, devant les parlementaires européens, le pape ne doute pas que l'Europe « atteigne un jour les pleines dimensions que la géographie et, plus encore, l'histoire lui ont données », y compris la dimension de la foi « qui a si profondément marqué le vécu de tous les peuples d'Europe, grecs et latins, germains et slaves » !

Le 20 août 1989, de retour à Saint-Jacques-de-Compostelle, Jean-Paul II appelle les 600 000 jeunes présents aux JMJ à préparer la « nouvelle évangélisation » de l'Europe post-communiste, qu'il invite à renouer avec son héritage chrétien. Mais qui prête vraiment attention à sa façon d'interpeller cette « vieille Europe qui affronte une étape importante dans son unification et l'imminence d'un troisième millénaire chrétien » ? Les propos du pape ne déclenchent aucune réaction notable, pour la simple raison qu'à l'époque, le mur de Berlin est toujours debout – il tombera le 9 novembre – et que peu de gens partagent sa conviction que le système soviétique arrive en bout de course[1]. De même, quand il tire les enseignements de la fin du communisme européen dans l'encyclique *Centesimus Annus,* en mai 1991, Jean-Paul II est encore en avance : l'URSS de Mikhaïl Gorbatchev ne s'effondrera qu'en décembre.

Jusqu'à cette date, Joseph Ratzinger assiste à tout cela en simple témoin. C'est après la chute du communisme, lorsque le discours sur les « racines chrétiennes de l'Europe » va prendre de l'ampleur, qu'il va travailler le sujet et l'aborder de plus en plus souvent. Il partage alors la conviction de son ami Jean-Paul II : il ne suffit pas que l'Europe se soit réunifiée, encore faut-il qu'elle retrouve « son âme ». Il ne s'agit pas de revenir à l'époque médiévale où rien ne se faisait qui ne fût scellé par la foi chrétienne, mais de redonner aux populations européennes les valeurs chrétiennes qui ont fait leur culture et leur identité.

« *Europe, n'oublie pas ton histoire !* »

En septembre 2000, alors que le Vatican célèbre le « jubilé » du christianisme deux fois millénaire, une nouvelle inattendue fait réagir l'entourage papal. Le 14 du mois, l'ancien président allemand Roman Herzog rend public son projet de « Charte européenne des droits fondamentaux » commandé par l'Union européenne. Le texte mentionne, dans son introduction, « l'héritage culturel, humaniste et religieux » commun aux nations européennes. Mais le gouvernement français, qui préside cette année-là aux destinées communautaires, s'oppose à cette formulation au nom de la laïcité républicaine. Pas question de tolérer la moindre allusion à la « religion » ! Finalement, la Charte ne parlera que du « patrimoine spirituel et moral » de l'Europe. Jean-Paul II n'en croit pas ses oreilles. Et il fait savoir sa réprobation. Jusqu'à ses dernières forces, le pape déplorera régulièrement, et avec insistance, cette « marginalisation » des religions « qui ont contribué et contribuent encore à la culture et à l'humanisme dont l'Europe est légitimement fière[2] ». Tout au long de la discussion animée par la convention chargée de rédiger le projet de traité constitutionnel, en 2002 et 2003, le pape ne perdra pas une occasion de défendre son point de vue : « Un arbre sans racines pourrait-il vivre et se développer ? Europe, n'oublie pas ton histoire[3] ! »

Joseph Ratzinger, lui aussi, a du mal à comprendre ce qui se passe. Pour un Allemand, à plus forte raison pour un Bavarois, la référence aux racines chrétiennes de l'Europe est naturelle. Dans le préambule de la Constitution de la République fédérale, le peuple allemand est responsable « devant Dieu et les hommes ». Le futur chancelier Angela Merkel, de confession protestante, a milité pour introduire une référence au christianisme dans le projet de constitution européenne – en vain. Une exception, le pays de Ratzinger ? Sa région natale, en tout cas, est un des derniers bastions européens – avec la Pologne – où la religion, dans son expression publique, ne fait pas encore l'objet de contestation. Lorsqu'en 1995, la Cour fédérale de Karlsruhe qualifie d'inconstitutionnelle la présence de crucifix dans les écoles publiques, une immense majorité d'Allemands se déclarent choqués, y compris le chancelier Helmut Kohl. En Bavière, personne ne décroche les croix dans les écoles !

Le relativisme, voilà l'ennemi

De conférence en conférence, le cardinal Ratzinger va développer l'intuition de Jean-Paul II : si l'Europe contemporaine veut exclure Dieu de son passé, c'est pour mieux l'exclure de son présent. Et si nos sociétés ne veulent plus s'encombrer de Dieu, c'est qu'elles sont minées par le sécularisme, l'indifférentisme, l'hédonisme, le matérialisme, le consumérisme, et surtout le « relativisme ». A ses yeux, le relativisme est devenu le plus grand ennemi de la religion. Si tout se vaut, il n'y a plus de transcendance ni de vérité, l'individu est sa propre référence, la morale est fluctuante et la vie n'a plus de sens.

La perte du « sens de Dieu » est doublement regrettable aux yeux de Ratzinger. D'abord, elle risque de déprécier les valeurs chrétiennes qui ont fait le génie de l'Europe : le respect de l'autre, l'égalité en droit, le pluralisme culturel et politique, le pardon aux ennemis. A l'heure de la réunification allemande, des guerres dans les Balkans et du drame tchétchène, tout cela n'est pas théorique. « Instruit par son histoire, le christianisme peut dire au monde que les divisions sont surmontables », affirmait Jean-Paul II, en 1985, au siège des Communautés européennes à Bruxelles[4]. Dans le même élan, le cardinal Ratzinger rappelle que « la renaissance de l'Europe après la Seconde Guerre mondiale a été rendue possible grâce à des hommes politiques qui avaient de fortes convictions chrétiennes comme Schuman, Adenauer, de Gaulle, De Gasperi et d'autres »[5].

Mais il y a plus grave : pour lui, une société qui exclut

Dieu met en danger l'être humain. « Là où Dieu n'est pas, l'enfer surgit », pose Ratzinger, citant saint Augustin, dans une conférence de Carême prononcée à Notre-Dame de Paris en avril 2001. Combien de fois les deux hommes, le Polonais et l'Allemand, se sont-ils trouvés en harmonie sur ce thème ! L'un et l'autre n'ont pas de mots assez forts pour rappeler à leurs contemporains que le nazisme et le communisme visaient d'abord à construire des sociétés sans Dieu, et que les idéologies qui avaient ce dessein au XXᵉ siècle ont conduit à la Shoah et au Goulag. Le dernier livre publié par Jean-Paul II, deux mois avant sa mort, portera précisément là-dessus[6].

Le pessimisme du cardinal

Pourtant, une différence se dessine entre Jean-Paul II et Joseph Ratzinger. D'abord imperceptible, puis de plus en plus évidente. Le pape polonais, même s'il l'a toujours nié, est un « politique ». Il a une vision, il mène une stratégie, il ne s'enferre jamais dans une position indéfendable ou dépassée. Le 28 octobre 2004, quand il reçoit Romano Prodi au Vatican juste avant que les vingt-cinq Etats membres ne signent à Rome le projet de traité constitutionnel, il ne cache pas son amertume de ne pas y trouver mention de l'héritage chrétien de l'Europe, mais il reste positif : « Le christianisme, dit-il, a contribué à la formation d'une conscience commune des peuples européens et a grandement contribué à façonner leur civilisation. Qu'elle soit reconnue ou non dans les documents officiels, c'est une donnée historique indéniable qu'aucun historien ne pourra oublier. » Et le pape d'exprimer ses vœux et sa confiance aux responsables européens.

Le cardinal est moins souple. Ce qu'il place au-dessus de tout, c'est la vérité. Et la vérité, à ses yeux, est dramatique.

Dans les conférences qu'il prononce, dans les livres qu'il édite, il laisse aller son cœur et sa plume à une sorte de fatalisme, comme si la bataille était déjà perdue. Ainsi, en 1991, Joseph Ratzinger publie un ouvrage intitulé *Un tournant pour l'Europe*[7] ? où il s'inquiète de la « progressive dissolution de la religion » dans une société européenne devenue agnostique et matérialiste, menacée par la drogue et le terrorisme, dont l'absence de morale promeut « l'extension épidémique d'une civilisation de la mort ». Ratzinger pense que « même la civilisation européenne peut disparaître » et n'hésite pas à pronostiquer la « désintégration » de l'homme lui-même.

Cette année-là, en avril, se tient à Rome une réunion plénière du collège des cardinaux sur le thème des « atteintes à la dignité de la vie ». Le cardinal Ratzinger y prononce un discours aussi brillant qu'alarmiste[8]. Citant l'exemple de la république de Weimar dont la faiblesse a ouvert la voie au nazisme, l'orateur met en garde : quand, au nom de la tolérance, le relativisme s'impose comme une norme sociale, le totalitarisme a beau jeu de violer des droits qui ne sont plus absolus. Quand le nihilisme et l'indifférence gouvernent une société, poursuit-il, la vie elle-même est gravement mise en péril. Impressionnés par la sombre analyse de leur collègue, les cent douze cardinaux demandent à Jean-Paul II de consacrer une encyclique à ce sujet. Quand paraîtra *Evangelium vitae*, en mars 1995, les observateurs seront surpris d'y trouver un ton parfois dramatique, presque désespéré, notamment quand le pape fustige la « culture de mort » qui triomphe dans nos sociétés démocratiques fragilisées par le sécularisme, l'utilitarisme, le matérialisme et le « relativisme éthique ». Point n'est besoin d'être grand clerc pour y lire l'influence de Joseph Ratzinger.

Un combat désespéré

Régulièrement, le très prolifique cardinal revient sur le sujet. Et toujours avec des mots forts. « Pour une nation, se couper des grandes forces éthiques et religieuses de son histoire revient à se suicider ! » tonne-t-il le 6 novembre 1992, à Paris, quand il est reçu à l'Académie des sciences morales et politiques au fauteuil d'Andreï Sakharov. Une dizaine d'années plus tard, au moment même où le destin va le porter à la succession de Jean-Paul II, trois livres paraissent, réunissant diverses conférences plus désespérantes les unes que les autres. Dans *L'Europe, ses fondements aujourd'hui et demain*[9], qui paraît en Italie en 2004 mais dont la traduction française sortira juste après le conclave, l'ancien professeur de théologie se fait tour à tour historien, philosophe et sociologue pour répondre à la question : « Qu'est-ce que l'Europe ? » Le disciple de saint Augustin, fils de la nation allemande, brosse un tableau aussi brillant que pessimiste. « Le rejet de valeurs morales intangibles peut conduire à l'autodestruction de la conscience européenne », dit-il avant de conclure : « Si elle veut survivre, l'Europe a besoin de s'accepter à nouveau elle-même. »

Dans *Valeurs pour un temps de crise*[10] qui paraît à Rome au printemps 2005, le cardinal reprend et développe ses imprécations : « Il y a en Europe une haine de soi particulière, que l'on ne peut que juger pathologique [...] L'Occident ne voit plus dans son histoire que l'horreur et la destruction [...] Il y a en Europe une étrange aversion de l'avenir, et les enfants sont perçus comme une menace, une limite au présent... » Et le cardinal d'affirmer : « L'Europe semble s'être vidée de l'intérieur. Elle est devenue profondément étrangère aux cultures du monde, lesquelles sont persuadées qu'un monde sans Dieu n'a pas d'avenir. »

Enfin, en juin 2005, les éditions Cantagalli sortent avec fracas *L'Europe de Benoît dans la crise des cultures*[11], préfacé par le président du Sénat italien Marcello Pera. Ratzinger observe avec ironie qu'un continent qui exclut Dieu de la conscience publique, c'est une « première » dans l'histoire de l'humanité. Il fait aussi remarquer que ni les juifs ni les musulmans ne contestent les « racines chrétiennes » de l'Europe, que la culture des « Lumières » ne saurait constituer une nouvelle identité européenne, et que la Turquie, dont les racines sont autres, n'a pas vocation à entrer dans l'Union européenne.

La Turquie ! Ratzinger aborde plusieurs fois la question turque à l'occasion de l'élargissement de l'Union (mai 2004) et du débat français sur le projet de traité constitutionnel (mai 2005). Il ne mâche pas ses mots. A quelques jours de la visite du pape à Lourdes, en août 2004, il s'exprime ainsi dans *Le Figaro* : « Historiquement et culturellement, la Turquie a peu de choses en commun avec l'Europe. Ce serait une grande erreur de l'incorporer à l'Union. Il vaudrait mieux que la Turquie joue un rôle de pont entre l'Europe et le monde arabe. La Turquie a un fondement islamique. Elle est très différente de l'Europe, qui est une collectivité d'Etats séculiers avec des fondements chrétiens... »

Le doyen du Sacré Collège n'en démord pas. Tandis que la santé de Jean-Paul II se dégrade encore, et alors que les spéculations commencent à enfler sur l'imminence de sa succession, Ratzinger continue de fustiger le refus d'inscrire toute référence religieuse dans la Constitution européenne et l'empressement à ouvrir à la Turquie les portes de l'Union. Et voilà qu'en octobre 2004, un événement inattendu vient conforter ses noires prédictions. Proposé comme commissaire européen par le gouvernement italien, le ministre démocrate-chrétien Rocco Buttiglione, philosophe de profession et proche du pape, se voit intenter un étonnant procès médiatique pour avoir naïvement expliqué qu'en tant que catholique pratiquant, il était d'accord pour estimer, avec la Bible, que l'homosexualité « est un péché ». Tollé dans les rédactions ! Indignation dans l'hémicycle ! Sous la pression insistante des médias et des députés européens de gauche, le président de la commission, José Manuel Barroso, doit battre en retraite et sacrifier piteusement le malheureux Buttiglione sur l'autel du « politiquement correct ».

Aux yeux de Joseph Ratzinger, l'incident a valeur de symbole : qu'un philosophe catholique, ami de Jean-Paul II, soit publiquement exclu du gouvernement de l'Europe pour ses convictions religieuses, voilà qui confirme que celle-ci va à sa perte.

CHAPITRE 9

Le trône de saint Pierre

Samedi 2 avril 2005, 21 h 37. Jean-Paul II s'éteint douce-
ment dans son appartement privé, au troisième étage du
Palais apostolique. Il est entouré de ses proches : ses deux
secrétaires Stanislaw Dziwisz – qui lui aura tenu la main
jusqu'au bout – et Mieczyslaw Mokrzycki ; les trois prélats
Marian Jaworski, Tadeusz Styczen et Stanislaw Rylko ; les
petites sœurs du Sacré-Cœur de Jésus qui l'ont veillé et
assisté depuis son élection en 1978. Ses intimes. Tous polonais. Il y a là aussi son médecin personnel, le fidèle Renato
Buzzonetti, flanqué d'une équipe médicale restreinte. Pour
la forme. Chacun sait qu'il n'y a plus rien à faire. Une
heure plus tôt, une messe a été dite, au cours de laquelle le
souverain pontife a reçu les derniers sacrements. La longue
agonie du pape, qui a défrayé la chronique et électrisé les
médias du monde entier depuis un mois, prend fin. Karol
Wojtyla, entouré de sa « famille » en prière, meurt en paix.
    Quand Buzzonetti a officiellement constaté le décès,
Dziwisz fait entrer dans la chambre le cardinal Sodano,
secrétaire d'Etat, le cardinal Martinez Somalo, camerlingue, et Mgr Sandri, substitut, lequel va annoncer la nouvelle au micro à l'intention de l'immense foule rassemblée
en prière sur la place Saint-Pierre. Deux autres prélats les
rejoignent : le cardinal Tomko, un des plus vieux amis du
défunt, et le cardinal Joseph Ratzinger, doyen du Sacré

Collège. C'est la seconde fois, ce samedi, que le Bavarois entre dans la pièce. Le matin même, il s'est rendu au chevet de son ami : « Il sait qu'il est en train de mourir, et il m'a fait un dernier salut », a-t-il alors témoigné sans cacher son émotion.

Ratzinger incontournable

A l'annonce du décès, la tradition vaticane veut que tous les cardinaux de la curie démissionnent de leurs fonctions à l'exception du camerlingue, chargé d'expédier les affaires courantes, et du doyen du Sacré Collège. La première tâche dévolue à celui-ci consiste à convoquer sans délai les cardinaux à Rome. Certains sont déjà sur place. D'autres vont sauter dans un avion, comme le Belge Godfried Danneels (archevêque de Bruxelles), ou dans un train de nuit, comme l'Autrichien Christoph Schönborn (archevêque de Vienne), pour participer aux premières congrégations générales, ces réunions quotidiennes rassemblant les cardinaux présents, électeurs ou non, pour organiser les obsèques et préparer le conclave. Ces assemblées se déroulent à partir de 10 heures dans la salle du Synode, juste derrière le bâtiment du Saint-Office, et sont présidées par... le cardinal Ratzinger. Au cours de cet exercice délicat, de l'avis unanime, le doyen des cardinaux assure avec talent sa fonction d'arbitre et de modérateur des débats.

Le cardinal allemand est omniprésent. Le vendredi 8 avril, c'est encore lui qui préside la messe d'obsèques, en compagnie de tous les cardinaux, devant une foule de personnalités venues de tous les coins du monde : quatre rois, cinq reines, soixante-dix chefs d'Etat et de gouvernement, deux mille cinq cents invités de marque, sans compter les trois mille cinq cents journalistes accrédités. Deux millions de pèlerins suivent la cérémonie à Rome, où quelque trente écrans géants ont été disséminés dans la ville. Plus d'un milliard d'individus suivent la retransmission sur tous les écrans du globe – sauf en Chine. Le contraste est grand entre cette pompe protocolaire, cette emphase médiatique, et le modeste cercueil du pape, une simple caisse de cyprès posée à même le parvis de la basilique. Sur le bois du cercueil, un évangile ouvert, dont le vent facétieux tourne les pages.

Au centre de ces impressionnantes funérailles, le doyen Ratzinger semble très à l'aise. Emu, tranquille, solide. Son homélie est une méditation sur le « *Suis-moi !* » du Christ ressuscité à l'apôtre Pierre, clef des engagements successifs de Karol Wojtyla comme prêtre, comme cardinal et comme pape. Ratzinger termine son propos par une image frappante : « Notre pape bien-aimé est maintenant à la fenêtre de la maison du Père, il nous voit et nous bénit... » Le célébrant laisserait-il entendre que le pape défunt est déjà à la droite du Père éternel ? Dans la foule apparaissent soudain des banderoles « *SANTO SUBITO !* », suivies des cris de quelques centaines de militants des Focolari[1] perdus dans la foule : « *Santo subito !* » Qu'il soit saint et tout de suite ! Les obsèques de Jean-Paul II ne sont pas terminées que sa béatification vient de commencer.

La ronde des papabili

A partir du lundi 11 avril, les congrégations générales changent de ton. On entre dans le vif du sujet : qui va succéder à Jean-Paul II, ce pape exceptionnel auquel le monde entier, ou presque, a rendu un hommage spectaculaire, chaleureux et populaire ? Dans ces réunions matinales, chacun peut s'exprimer pendant huit minutes. La tradition est de ne pas prononcer de noms, mais de donner son point de vue sur les enjeux de l'élection.

Le cardinal Carlo-Maria Martini ne s'en prive pas. L'ancien archevêque de Milan, aujourd'hui retraité, reste une des « stars » de l'Eglise. A tort ou à raison, ce jésuite fait figure de chef de file des réformateurs et incarne une sorte d'alternative virtuelle à l'élection d'un conservateur comme Ratzinger. Martini, qui, lors d'un récent synode, avait lancé l'idée d'un concile « Vatican III », insiste longuement sur la réforme du gouvernement de l'Eglise, qu'il souhaite moins centralisé, et sur une gestion plus libérale des grands dossiers touchant à la morale. Ce discours est davantage un testament qu'un programme. Il a 78 ans et souffre de la maladie de Parkinson : il n'est plus *papabile*, et il prêche dans le désert...

S'ils n'évoquent pas de noms dans ces réunions officielles, les cardinaux ne se privent pas d'échafauder des plans et d'élaborer des stratégies le reste de la journée, dans les trattorias du Borgo Pio, dans les salons souvent austères des congrégations ou des collèges qui les hébergent : le collège américain, le séminaire français, le collège belge, etc. Mais vis-à-vis de l'extérieur, ils respectent la consigne que Ratzinger leur a fait adopter à l'unanimité : plus un mot aux médias ! Cela surprend, et fait grincer du côté des envoyés spéciaux de la presse mondiale, mais les cardinaux les plus bavards pourront ainsi se retrancher derrière ce diktat « ratzingerien » pour écarter les sollicitations médiatiques. Dans les dîners en ville organisés par les chancelleries, diplomates et journalistes frustrés sont à l'affût de la moindre indiscrétion, et se repassent en boucle les noms des *papabili* le plus souvent cités : le Hondurien Maradiaga, le Brésilien Hummes, l'Argentin Bergoglio, l'Africain Arinze, les Italiens Scola, Tettamanzi, Antonelli... et, bien sûr, l'Allemand Ratzinger.

Le nom du doyen du Sacré Collège, qui revient le plus souvent dans les conversations, suscite le plus de commentaires et déclenche le plus de réactions passionnées, notamment dans la presse. Les plus avisés des vaticanistes, de l'Italien Luigi Accatoli *(Corriere della Serra)* au Français Henri Tincq *(Le Monde)*, sentent bien que l'élection du Bavarois est quasiment inévitable. Mais prudence ! Nul n'a oublié l'inusable dicton romain selon lequel « qui entre pape au conclave en ressort cardinal, et réciproquement » ! Pourtant, chacune des étapes du compte à rebours menant à l'élection du successeur de Jean-Paul II leur donne raison.

Joseph Ratzinger ne compte pas que des amis parmi les cardinaux, mais il est, à l'évidence, unanimement respecté. La disparition très médiatisée de Jean-Paul II, après vingt-six ans de présence télévisuelle et de charisme planétaire, oblige à prendre en compte l'autorité naturelle que tel ou tel *papabile* peut inspirer à des cardinaux parfois déboussolés. Or, Ratzinger impressionne. Il est d'ailleurs le seul cardinal électeur, avec l'Américain William Baum[2], à avoir l'expérience des deux conclaves de 1978. Il connaît tout le monde, tout le monde le connaît. Même ses détracteurs admettent qu'il est ouvert, gentil, excellent théologien et qu'il maîtrise parfaitement la situation. C'est lui qui, le mercredi 13 avril, reçoit très naturellement les condoléances du corps diplomatique. Et comme s'il n'était pas assez présent dans cette actualité pesante, tous les médias soulignent, le samedi 16 avril, que les cardinaux ont souhaité à leur doyen, au cours de la dernière congrégation générale, un bon anniversaire !

Un pape de 78 ans ? Wojtyla en avait 58 quand il a été élu. Vingt de moins ! L'âge de Ratzinger est un obstacle majeur à son éventuelle élection. Au même titre que les réactions négatives que celle-ci provoquerait au sein même de l'Eglise, en particulier en France et en Allemagne. Le journal *La Repubblica* du 13 avril, toujours très bien informé, affirme que « cinq cardinaux allemands sur six » sont clairement opposés à la candidature de Ratzinger ! Le paradoxe, pour ce prélat très « européen », est que la plupart des épiscopats occidentaux ne veulent pas de lui pour pasteur universel. Il est vrai que le conclave est composé majoritairement de non-Européens : 59 contre 58[3]. Pour la première fois dans l'histoire de l'Eglise.

« Que de souillures dans l'Eglise ! »

Dimanche 17 avril. Dans l'après-midi, les cardinaux se présentent un à un à la grille de l'aula Paul VI, à gauche de la basilique Saint-Pierre, une valise à la main... et un parapluie dans l'autre, car il pleut des cordes. De là, ils se dirigent vers la résidence Sainte-Marthe où ils vont s'installer, après tirage au sort, dans une des cent six suites ou des vingt-trois chambres. Toutes ont été privées de télévision et de téléphone (il y a même un système de brouillage pour les portables). Voilà qui favorise, comme le dira le cardinal français Paul Poupard, une « soirée de partage » toute de « gravité et de sérénité ».

Le lendemain matin, dans la basilique, a lieu la messe solennelle *pro eligendo Romano Pontifice* concélébrée – en latin – par les cent quinze cardinaux électeurs. Les cardinaux âgés de plus de 80 ans, qui ne prendront pas part au vote, sont rassemblés à l'entrée de la nef. La cérémonie, grandiose, est présidée par Joseph Ratzinger, toujours en tant que doyen du collège des cardinaux. L'émotion qui a marqué les funérailles de Jean-Paul II a fait place à un sentiment de profonde responsabilité chez ces hommes d'Eglise qui ont conscience de vivre un moment crucial. Elire le successeur de Jean-Paul II est un acte qui engage durablement l'avenir de toute l'Eglise.

C'est à ce moment que le cardinal Ratzinger se lance dans une homélie surprenante, une sorte de profession de foi qui va rapidement faire le tour du monde : « [...] Combien de vents de la doctrine avons-nous connus au cours des dernières décennies, combien de courants idéologiques, combien de modes de la pensée ! La petite barque de la pensée chrétienne a été souvent ballottée par ces vagues, jetée d'un extrême à l'autre : du marxisme au libéralisme jusqu'au libertinisme ; du collectivisme à l'individualisme radical ; de l'athéisme à un vague mysticisme religieux ; de l'agnosticisme au syncrétisme et ainsi de suite ! [...] Posséder une foi claire, suivre le *Credo* de l'Eglise, est souvent défini comme du fondamentalisme. Tandis que le relativisme, c'est-à-dire le fait de se laisser entraîner à tous les vents de la doctrine, apparaît comme l'unique attitude à la hauteur de l'époque actuelle. L'on est en train d'instaurer une *dictature du relativisme* qui ne reconnaît rien comme définitif et qui donne comme mesure ultime uniquement son propre ego et ses désirs. [...] Une foi adulte ne suit pas les courants de la mode et des dernières nouveautés ! »

Le propos est fort. Le ton est ferme. Quelques cardinaux, dont Camillo Ruini, le très conservateur président de la conférence épiscopale italienne, applaudissent. D'autres sont choqués. La plupart connaissent le pessimisme de Joseph Ratzinger. Le 24 février, lors des obsèques de Luigi Giussani, fondateur du mouvement *Communio e Liberatio*, ils l'avaient déjà entendu décrire notre époque comme « une sombre vallée [...] pleine de tentations et d'erreurs ». Lors des méditations de la semaine sainte, au Colisée, ils avaient été frappés par les accents dramatiques de sa prière : « ... Que de souillures dans l'Eglise, et particulièrement parmi ceux qui, dans le sacerdoce, devraient lui appartenir totalement ! Combien d'orgueil et d'autosuffisance ! [...] Souvent, Seigneur, Ton Eglise nous semble une barque prête à couler, une barque qui prend eau de toute part [...] Les vêtements et le visage si sale de Ton Eglise nous effraient ! [...] Sauve Ton Eglise et sanctifie-la ! »

A la fin de la cérémonie, beaucoup de cardinaux partagent, peu ou prou, l'avis de ce religieux américain interviewé par l'agence France-Presse : « Je n'aimerais pas Ratzinger comme pape, mais il faut reconnaître qu'il a fait une très bonne homélie ! »

Les coulisses du conclave

Quelques heures plus tard, les mêmes cardinaux font leur entrée en procession dans la chapelle Sixtine, aux accents de la *Litanie des saints* et du *Veni creator.* Il est 16 h 30. Sous la conduite de leur doyen, ils gagnent leurs places numérotées et déposent sur leurs pupitres respectifs leur barrette rouge et un dossier vert contenant la constitution *Universi Dominici gregis* qui rappelle, dans les moindres détails, toutes les règles de l'élection. Ils ont devant les yeux, tel un avertissement symbolique, le *Jugement dernier* de Michel-Ange. Le doyen du collège cardinalice les invite à prier en silence avant de prêter serment : les cent quinze princes de l'Eglise jurent de tenir secret « tout ce qui se rapporterait à l'élection du pontife romain ». Peu après, ils confirmeront ce serment en file, la main sur l'Evangile. Les éventuels bavards encourent l'excommunication.

Le maître des célébrations, Mgr Piero Marini, prononce ensuite l'*Extra omnes*, un ordre qui invite toutes les personnes étrangères au conclave à quitter les lieux. Les cardinaux désignent entre eux, par tirage au sort, les « scrutateurs » (qui vont organiser le scrutin), les « infirmiers » (qui iront recueillir le vote des éventuels malades) et les « réviseurs » (qui comptabiliseront les votes). A chaque scrutin, chaque cardinal devra remplir un bulletin où est déjà inscrite la formule « *Eligo in Summum pontificem...* » En français : « Je choisis pour Souverain pontife... » La procédure est facile : il ne reste plus qu'à ajouter le nom de son candidat.

En cette fin d'après-midi, la foule est dense sur la place

Saint-Pierre, et les milliers de journalistes – deux cents envoyés spéciaux pour la seule chaîne CNN – sont à leurs postes. Personne ne s'attend que la cheminée de la Sixtine crache soudain une fumée blanche. Traditionnellement, le premier scrutin est une sorte de sondage, un test sur la popularité de certains noms et sur les éventuels rapports de force au sein du collège des cardinaux. Aucun des *papabili* en présence, sauf miracle, n'est en mesure de rassembler sur son nom, dès le premier tour, les 77 voix correspondant à la majorité des deux tiers exigée par le règlement.

Le dépouillement se fait à haute voix. Joseph Ratzinger obtient 47 suffrages[4], ce qui correspond *grosso modo* aux évaluations des spécialistes. La surprise est ailleurs : alors que les pronostics annonçaient un vote symbolique sur le nom de Martini, celui-ci n'obtient que 9 voix. Sachant que le Milanais refuserait le poste s'il était élu, ses propres partisans ont porté leurs choix ailleurs. Et c'est un autre jésuite, l'Argentin Jorge-Maria Bergoglio, qui arrive en deuxième position avec 10 voix, tandis que 30 autres voix s'éparpillent sur des noms divers.

Les commentaires vont bon train, le soir, à la maison Sainte-Marthe, pendant et après le dîner. A haute et intelligible voix, comme le veut le règlement : les messes basses sont interdites ! Jorge-Maria Bergoglio n'est pas un inconnu. Il figurait même dans la plupart des listes de *papabili*. Fils d'immigrés italiens, âgé de 69 ans, l'archevêque de Buenos Aires est un personnage de grande qualité, plutôt austère, qui vit simplement et qui est notoirement proche des bidonvilles de la capitale argentine où il est très populaire. Il représente à la fois l'attention pour le tiers monde et le souci de la rigueur doctrinale. Le qualifier de réformateur serait inexact. Pourquoi pas lui ? Après tout, l'Amérique latine, où vit 40 % de la catholicité, serait enfin au pouvoir...

Mardi 19 avril. Retour dans la chapelle Sixtine où deux scrutins sont prévus pendant la matinée. Si Ratzinger recueillait moins de voix que la veille, c'en serait fini pour lui, et le camp conservateur devrait trouver une solution de remplacement – beaucoup pensent déjà à Angelo Scola, 63 ans, patriarche de Venise, qui pourrait rassembler, en effet, une majorité de voix sur son nom. Or, c'est le contraire qui se passe : Ratzinger recueille 65 voix, Bergoglio, 35 : les deux hommes progressent ! Les deux candidatures deviennent crédibles, ce que confirme le troisième tour : Ratzinger atteint 72 voix. Bergoglio, 40. Le premier s'approche de la majorité des deux tiers, mais le second atteint, de son côté, le tiers bloquant...

Un conclave n'est pas une élection politicienne. Le but de ce vote « sans candidature, sans programme et sans campagne » n'est pas de faire élire un homme contre un autre homme, mais de désigner la personnalité la plus apte à diriger l'Eglise tout entière. C'est pourquoi certains cardinaux qui étaient hostiles à Ratzinger se rallient, peu à peu, à sa candidature. Il est plutôt « conservateur », sans doute, mais n'a-t-il pas déjà les faveurs d'une majorité du conclave ? N'incarne-t-il pas la continuité par rapport au pape disparu ? N'a-t-il pas fait la preuve, ces derniers jours, de ses qualités de dialogue, de modération, mais aussi d'autorité ? N'a-t-il pas montré qu'il était capable de diriger l'Eglise ?

A ce stade du scrutin, Joseph Ratzinger est conscient de ce qui se passe, et prie... pour ne pas être élu ! Il le racontera lors de l'audience accordée à ses compatriotes, quelques jours plus tard : « Il y avait des candidats plus jeunes, meilleurs. Je pensais que l'œuvre de ma vie était terminée et que des années plus tranquilles m'attendaient [...] Quand, lentement, le déroulement du scrutin m'a fait comprendre que la guillotine s'approchait [...], j'ai demandé au Seigneur de m'épargner ce sort, mais cette fois, évidemment, Il ne m'a pas écouté ! » Il racontera aussi, ce jour-là, qu'il a alors reçu un petit mot d'un cardinal qui lui a rappelé son sermon à propos de la parole « Suis-moi ! » qui avait tant compté pour Karol Wojtyla : « Souviens-toi de ce que tu as prêché, disait le petit mot, et ne refuse pas ! »

Après le déjeuner, le quatrième vote est le bon. Quand le décompte des bulletins « Ratzinger » atteint 77 voix, tout le monde se lève et applaudit. Puis le décompte s'achève : 84 ! Tout le monde applaudit de nouveau, debout. La messe est dite. Bergoglio est retombé à 26[5]. L'Argentin, dit-on, aurait fait des signes, pendant la pause, laissant entendre qu'il ne voulait pas de la charge. La consigne est donc passée, dans les rangs « réformateurs », de rallier la candidature Ratzinger. Malgré leurs éventuelles réserves, expliquera l'archevêque de Westminster, Cormac Murphy O'Connor, ils ont estimé que « pour l'unité de l'Eglise », il valait mieux « changer d'avis et voter finalement en sa faveur »[6]. Y a-t-il eu une sorte de négociation entre les uns et les autres ? On ne le saura probablement jamais. Des témoins rapportent que Ratzinger et Martini se sont longuement entretenus, bras dessus, bras dessous, à l'heure du déjeuner. « Les deux hommes s'estiment et se respectent, note un observateur : on peut imaginer que Martini, moyennant quelques garanties sur les grandes orientations du pontificat, ait lui-même orienté ses partisans vers Ratzinger[7]... »

« *Habemus papam !* »

L'élu étant le doyen du Sacré Collège, c'est le vice-doyen, Angelo Sodano, qui lui demande solennellement, comme le veut le règlement, s'il accepte son élection :

— Obéissant au Saint-Esprit, au vote des cardinaux, je réponds oui.

Nouvelle question rituelle de Sodano :

— De quel nom voulez-vous être appelé ?

— Benoît XVI.

Quelques minutes plus tard, une fumée s'élève du toit de la Sixtine par l'étroite et archaïque cheminée que scrutent depuis la veille toutes les télévisions du monde.

— *E bianca !*

Elle est blanche ! Mais la foule marque une hésitation : on n'entend pas les cloches et les bourdons de Saint-Pierre, qui devraient accompagner la fumée pour lever toute ambiguïté au cas où celle-ci serait un peu grise, ce qui est justement le cas ! Dans le monde entier, des milliers de programmes de télévision et de radio ont suspendu leur diffusion et, les yeux rivés à cette image peu convaincante, les commentateurs retiennent leur souffle... Simple erreur technique : préoccupés par le mauvais fonctionnement du vieux poêle en fonte qui refoule dans la chapelle, les cardinaux ont oublié de prévenir l'homme des cloches, lesquelles attendront dix bonnes minutes avant de s'ébranler. La foule alors exulte :

— *Viva il papa !*

Pendant ce temps, le nouveau successeur de saint Pierre se dirige à pas lents vers la « chambre des larmes », cette cellule de 3 mètres sur 3 où il doit passer une des trois soutanes préparées par la maison Gammarelli, et revêtir ses habits pontificaux. Ceux-ci lui sont mal ajustés – c'est le cardinal Meisner qui racontera l'anecdote – mais tant pis, les retouches attendront ! Quarante-cinq minutes après l'élection, le cardinal protodiacre Jorge Arturo Medina Estevez, vieux complice de Joseph Ratzinger, apparaît au balcon de Saint-Pierre. Cent mille personnes sont là, à la fois impatientes et recueillies, qui entendent le Chilien annoncer :

— *Habemus papam !*

La foule applaudit longuement, puis le silence se fait.

— *... ementissimum ac revendissimum... Josephum... cardinalem Ratzinger !*

Benoît XVI apparaît à son tour. Emu. Les mains jointes levées devant son visage, il procède à sa première bénédiction *urbi et orbi*. Dans la foule, quelques pèlerins surexcités agitent des damiers bleu et blanc. Ce sont les couleurs de la Bavière.

CHAPITRE 10

Les premiers pas

— Après le grand pape Jean-Paul II, Messieurs les cardinaux m'ont élu, moi, un simple et humble travailleur dans la vigne du Seigneur...

Les tout premiers mots que Benoît XVI prononce du haut de la loggia des Bénédictions, le 19 avril 2005, sont pour rendre hommage à son prédécesseur. C'est davantage qu'une politesse. La référence au « grand pape » disparu deux semaines plus tôt est immédiate et sincère dans la bouche de l'ex-cardinal Ratzinger qui fut son conseiller, son complice et son ami avant d'en devenir, à cette minute, le successeur.

C'est ce que retiendront les télévisions du soir et les médias du lendemain qui, aux quatre coins du globe, commentent le résultat du vote. Passons sur l'inévitable bouffée de fierté qui envahit la presse allemande : « *WIR SIND PAPST !* » titre le quotidien *Bild Zeitung* (« Nous sommes pape ! ») sous une grande photo de « Benedikt XVI ». Les journaux européens observent, dans leur ensemble, que le nouveau pape est, avant tout, conservateur et allemand. Avec plus ou moins d'élégance. Celui que l'on surnommait déjà le *Panzerkardinal* se voit affublé de quelques surnoms vachards : le *Rottweiler de Dieu,* le *Berger allemand,* etc. Son passage par les Jeunesses hitlériennes, que beaucoup découvrent en lisant sa biographie, lui vaut aussi quelques insinuations peu amènes : les *Guignols de l'Info*, en France, le surnomment « Adolf II » et le font bénir « au nom du Père, du Fils et du Troisième Reich »[1]. Mais le plus souvent, on souligne que Benoît XVI a longtemps travaillé au côté de Jean-Paul II, qu'il a contribué à certaines de ses encycliques, et qu'il en partage globalement les convictions. Pour le meilleur et pour le pire.

Des réactions contrastées

Au sein du monde catholique, les premières réactions sont contrastées. Les évêques nord-américains, sud-américains, africains et asiatiques sont plutôt satisfaits de voir élu un homme d'expérience, de grande culture, qui les rassure par sa rigueur et qui est, surtout, un proche du grand disparu. En revanche, les épiscopats européens, majoritairement réformistes, sont plutôt déçus – à l'instar du cardinal belge Godfried Danneels qui, au sortir du conclave, ne parvient pas à masquer sa mauvaise humeur. Au sein des populations catholiques non européennes, notamment en Amérique du Nord et en Amérique latine, on exprime aussi une certaine réticence face à l'ancien « gardien du dogme », à l'homme qui pourfendit la « théologie de la libération », à un pontife âgé et rigoriste que l'on imagine mal, vu son cursus, engager des réformes. Avec délicatesse, plusieurs anciens adversaires de Ratzinger, comme le cardinal Martini ou le théologien Hans Küng, suggèrent qu'il faut lui donner un peu de temps avant de le juger et qu'il pourrait, après tout, « réserver des surprises ».

Enfin, en dehors de la sphère catholique, Benoît XVI reçoit un accueil poli et bienveillant de la part des responsables politiques et religieux qui, presque unanimes, souhaitent qu'il poursuive l'œuvre « de réconciliation et de paix » de son prédécesseur. Du côté juif, où l'on a examiné de près son passé, notamment l'épisode des *Hitlerjugend*, on rappelle que ce pape se situe dans la ligne appréciée de Jean-Paul II et qu'il a condamné sans ambiguïté toute forme d'antisémitisme : « Son élection est une bonne nouvelle pour les Juifs », résume le rabbin David Rosen dans le journal *Haaretz.*

Le lendemain de l'élection, dans la chapelle Sixtine, lors de sa première messe « papale » qu'il célèbre avec les cardinaux, le nouveau pape redit sa filiation avec Jean-Paul II : « J'ai l'impression de sentir sa main forte serrer la mienne, de voir ses yeux souriants et d'entendre ses paroles qui, en ce moment, s'adressent particulièrement à moi : *N'ayez pas peur !* » Si Ratzinger n'a pas voulu s'appeler « Jean-Paul III », il souligne néanmoins, dans son discours, qu'il se situe pleinement dans la continuité de « ce grand pape qui laisse une Eglise plus courageuse, plus libre, plus jeune, qui regarde avec sérénité le passé et n'a pas peur du futur »...

Le contraire eût surpris. Non seulement le pape allemand est le successeur naturel de Jean-Paul II, mais il en est aussi l'héritier direct. Et pas uniquement sur le plan spirituel. Lui-même n'a pas d'autre référence, à Rome, que son ami défunt. Le cardinal Ratzinger n'était ni un homme de cour ni un chef de bande. En vingt-trois ans, il n'a pas constitué de réseau personnel, ni à l'intérieur de la curie ni à l'extérieur. Il n'a personne à placer, à gratifier, à remercier. Aucune « filière allemande » ne se profile dans son ombre – d'autant que les cardinaux allemands ont presque tous eu maille à partir avec le préfet de la Congrégation pour la Doctrine de la foi, et entretiennent avec leur compatriote des relations pas toujours fraternelles.

On prend les mêmes...

S'il est un Allemand qui voue au nouveau pape une affection illimitée, c'est son propre frère Georg. A 83 ans, ce vieux monsieur stupéfait et maladroit déclenche très vite un petit scandale en exprimant son inquiétude pour la santé « fragile » de son cadet ! En plus de ce sympathique vieillard que les médias vont s'arracher sans pudeur, deux nouvelles figures apparaissent dans l'entourage du souverain pontife. Un homme : l'abbé Georg Gaenswien, 48 ans, originaire de la Forêt-Noire, au physique de sportif et aux yeux bleus, était depuis 1996 le secrétaire du préfet de la Congrégation pour la Doctrine de la foi : il semble devoir remplacer Mgr Stanislaw Dziwisz, l'inamovible secrétaire personnel de Jean-Paul II promis à une reconversion prestigieuse[2]. Et une femme : Ingrid Stampa, 55 ans, musicienne, cultivée, distinguée, appartenant au mouvement des Dames de Schönstatt[3], sert de gouvernante à Joseph Ratzinger depuis la mort de sa sœur Maria en 1991. C'est elle qui va recruter le personnel nécessaire à sa vie quotidienne : un quatuor de religieuses allemandes de Schönstatt remplacera les cinq sœurs polonaises du Sacré-Cœur de Jésus qui entouraient Jean-Paul II depuis le début du pontificat.

Pour le reste, aucun changement. On prend les mêmes et on poursuit le fil de la vie vaticane. D'abord, Benoît XVI « nomme » ou « confirme » dans leurs fonctions tous les hauts responsables en poste sous Jean-Paul II, à commencer par les trois piliers du Saint-Siège : le secrétaire d'Etat (Angelo Sodano), le substitut (Leonardo Sandri) et le chef de la diplomatie (Giovanni Lajolo). Mais, non content de reconduire la totalité des chefs de dicastère, lesquels ont souvent dépassé l'âge de la retraite, il agit de même avec la « garde rapprochée » de Jean-Paul II qu'il invite à poursuivre l'aventure : le maître des cérémonies (Piero Marini), l'organisateur des voyages (Renato Boccardo)[4], le directeur de la salle de presse (Joaquin Navarro-Valls), le second secrétaire personnel (Mieczyslaw Mokrzycki) et même le médecin attaché à la personne du pape (Renato Buzzonetti).

Les deux seuls postes que Benoît XVI est bien obligé de

pourvoir sont... ceux qu'il occupait lui-même avant le conclave ! C'est ainsi qu'il promeut, dans le cadre du Sacré Collège, le cardinal Francis Arinze, 73 ans, qui devient cardinal-évêque et qui hérite de son siège suburbicaire de Velletri-Segni. Le Nigérian a quitté le continent africain depuis plus de vingt ans, et c'est un prélat parfaitement « romain », en fait, qui est ainsi promu. Le collège des six cardinaux-évêques complet élit son nouveau doyen en la personne du cardinal Angelo Sodano, numéro deux du Vatican. Quant à la Congrégation pour la Doctrine de la foi, elle retrouve un préfet en la personne de William J. Levada, 69 ans, archevêque de San Francisco, un Américain plutôt conservateur qui siège dans cette instance depuis déjà cinq ans.

Papamobile *et vacances d'été*

A 78 ans, Benoît XVI n'a pas l'intention de bouleverser les habitudes de la Maison pontificale. C'est à peine s'il demande qu'on repeigne l'appartement papal de couleurs plus chaudes. Il y fait seulement venir quelques centaines de caisses de livres (douze mille ouvrages, dit-on) et un piano. En guise de blason, il demande à l'ancien nonce Andrea di Montezemolo, féru d'héraldique, de reconstituer celui qui fut le sien à Munich – la tête de Maure, l'ours de saint Corbinien, la coquille de saint Augustin[5] – en insistant toutefois pour que la tiare pontificale soit remplacée par une mitre d'évêque : un geste qui souligne que le pape est d'abord l'évêque de Rome, mais qui n'a rien de révolutionnaire puisque, depuis quarante ans, les papes ne portent plus la tiare...

Benoît XVI renoue avec la plupart des habitudes de son prédécesseur. A la fin de la messe d'intronisation, le 24 avril, il fait le tour de la place Saint-Pierre dans une *papamobile*, une Jeep blanche qu'emprunta Jean-Paul II à de multiples reprises. Le mercredi 27, il préside devant vingt mille fidèles sa première audience générale, renouant avec ce rendez-vous à la fois festif et catéchétique que Jean-Paul II n'avait presque jamais manqué en vingt-six ans : le pape polonais exigeait que les dates de ses voyages fussent calculées en fonction de cette rencontre hebdomadaire avec les pèlerins. Benoît XVI précise même, à la fin de l'audience :

— Mercredi prochain, je reprendrai les catéchèses de Jean-Paul II là où il les avait arrêtées...

Applaudissements de la foule des pèlerins. Les fidèles venus du monde entier apprécient ce souci de continuer l'œuvre du Polonais. Le dimanche 1er mai, comme ce dernier l'avait fait si souvent, le nouveau pape récite la prière de l'Angélus depuis la fenêtre de ses appartements, une fenêtre « que la figure bien-aimée de [son] prédécesseur a rendue familière à d'innombrables personnes ».

On observe, à l'approche de l'été, à quel point Benoît XVI se coule facilement dans les rites instaurés par Jean-Paul II : le nouveau pape décide de prendre des vacances exactement dans les formes, dans les lieux et dans les délais inaugurés par l'ancien archevêque de Cracovie, qui avait reproduit au niveau apostolique ses habitudes polonaises. Le 11 juillet, Benoît XVI retrouve le sympathique chalet salésien des Combes, à Inrod, dans le Val d'Aoste. Marcher sur les pentes du mont Blanc, une casquette blanche vissée sur le crâne, procure-t-il autant de bonheur aujourd'hui à Benoît XVI que naguère à Jean-Paul II ? Et profiter, ensuite, de la piscine creusée par Jean-Paul II dans la résidence papale de Castel Gandolfo ?

Un style différent

Le samedi qui suit la fin du conclave, comme l'avait fait Jean-Paul II en octobre 1978, Benoît XVI accorde une audience aux « représentants des moyens de communication sociale ». Les journalistes sont friands de ce genre d'exercice. Les plus anciens se rappellent que le pape polonais les avait séduits, ce jour-là, dans la salle des Bénédictions, en délaissant la tribune d'où il s'était adressé à eux pour aller bavarder pendant une heure avec les uns et les autres, en passant d'une langue à l'autre, en toute liberté. C'était une première. Certaines éminences en avaient été choquées. Un pape doit évidemment mesurer ses propos, sauf à courir le risque d'être mal repris, voire manipulé : un seul mot mal traduit peut, de nos jours, provoquer des remous médiatiques dévastateurs !

Benoît XVI, surmontant sa timidité, a donc décidé de sacrifier à ce rituel. La *Sala stampa* n'ayant pas lésiné sur les accréditations, ils ne sont pas 1 500, comme en 1978, mais près de 4 000 à se presser dans l'aula Paul VI, le seul bâtiment du Vatican capable d'accueillir une telle foule. D'emblée, chacun peut constater que l'Eglise a changé de chef. Benoît XVI arrive par la tribune, et non par l'allée centrale. Il ne serre pas de mains, au grand dam des principaux patrons des médias italiens, sagement assis au premier rang dans l'espoir d'échanger quelques mots avec l'élu du conclave. Peine perdue. Certes, celui-ci parle en quatre langues – sur le moment, il oublie l'espagnol –, mais il ne reste qu'un quart d'heure et il ne descend pas dans la salle. On n'assistera plus à ces dialogues improvisés avec la presse qui faisaient le charme de son prédécesseur.

A chacun son style. Le cardinal Ratzinger n'était pas un tribun, il n'avait aucun goût pour les manifestations publiques, il n'aimait pas le contact avec la foule. Par quel mystère son élection l'aurait-elle métamorphosé ? Sa première sortie, place Saint-Pierre, est une épreuve. Les journalistes notent qu'« il semble encore emprunté, seul debout, à devoir saluer et bénir, parfois longuement, pendant que sa voiture serpente au milieu des gens qui l'acclament[6] ». Quand il bénit la foule, quand il embrasse les bébés qu'on lui tend, quand il salue les handicapés, comme le 25 avril à la basilique Saint-Paul-hors-les-Murs, Benoît XVI rompt nettement avec le ton enjoué et personnel du pontificat précédent.

Le nouveau pape fera dans la sobriété et la modestie. Au cours de l'homélie prononcée le jour de son intronisation, il annonce la couleur : « Mon véritable programme de gouvernement est de ne pas faire ma volonté, de ne pas poursuivre mes idées, mais, avec toute l'Eglise, de me mettre à l'écoute du Seigneur. » Il répète ainsi ce qu'il écrivait quelques années plus tôt de façon prémonitoire : « Quand le pape parle, ce n'est pas en son nom propre qu'il parle. A ce moment-là, en dernière analyse, les théories et les opinions privées qu'il a élaborées au cours de sa vie ne comptent pas, quelque élevé que puisse être leur niveau intellectuel[7]. » Le 7 mai, à la basilique Saint-Jean-de-Latran, il confirme que « le pape n'est pas un souverain absolu, dont la pensée et la volonté sont des lois » ! Opportun rappel théologique. Le pontificat de Jean-Paul II l'avait presque fait oublier.

Santo subito !

Humilité, rigueur, sobriété. Il faudra s'habituer. Moins d'audiences collectives, moins de voyages lointains. Moins de cris d'amour, de mains tendues, d'embrassades inattendues, de boutades improvisées. Ainsi, les audiences générales ne comporteront plus le contact personnel avec les invités privilégiés de la « première rangée » *(prima fila)* qui permettaient à certains visiteurs, notamment politiques, de rapporter de Rome une photo prise avec le Saint-Père. De même, on ne se bousculera plus, à l'aube, pour assister à la messe du pape dans sa chapelle privée. Mieux : dès la première réunion consacrée à l'agenda papal, Benoît XVI annonce qu'il ne présidera pas, comme Jean-Paul II le faisait, les cérémonies de béatification : c'est le préfet de la Congrégation pour la Cause des saints, ès qualités, qui s'en chargera. Le pape, lui, se réservera pour les cérémonies de canonisation, plus rares et plus solennelles. A une exception près, si Dieu lui prête vie : la béatification plus ou moins imminente... de son prédécesseur !

Le vendredi 13 mai, en effet, il crée la surprise : alors qu'il s'adresse au clergé romain, en ce jour anniversaire de l'attentat qui faillit coûter la vie à Jean-Paul II, Benoît XVI révèle qu'il accède à la proposition émise par le vicaire de Rome, Mgr Camillo Ruini, d'ouvrir sans attendre la cause de béatification du « grand pape Jean-Paul II ». Quarante-deux jours après la mort du futur saint : un record dans l'histoire de l'Eglise ! Le pape polonais avait pourtant précisé, en janvier 1983, qu'il fallait obligatoirement observer un délai de cinq ans avant d'entamer une telle procédure. Il est vrai que lui-même avait transgressé cette règle, pourtant pleine de sagesse, en proposant la béatification de Mère Teresa dès 1999, deux ans après la mort de celle-ci !

En accordant aussi vite cette dispense, et de façon si ostentatoire, Benoît XVI montre qu'il s'efface décidément devant la stature exceptionnelle de son prédécesseur et, en même temps, souligne à nouveau qu'il en revendique totalement l'héritage. Comme s'il voulait réduire à des péripéties secondaires les inévitables différends qui, en un quart de siècle, ont pu l'opposer à son ami : on se rappelle, par exemple, que le cardinal Ratzinger n'avait pas caché son opposition à la convocation par Jean-Paul II de la réunion interreligieuse d'Assise en 1986, et qu'il avait fallu toute l'insistance amicale du Saint-Père pour que Ratzinger participe, en 2002, à la deuxième réunion du genre...

Le concile et la tradition

Sur le fond des dossiers en cours, sur les sujets qui font débat, Benoît XVI apparaît aussi comme le parfait continuateur de Jean-Paul II. Même si son élection par le conclave ne l'engage évidemment en rien, il donne ainsi satisfaction aux cardinaux qui ont voulu, avant tout, assurer une succession particulièrement difficile.

Dès sa première homélie, le 20 avril, le nouveau pape affirme sa volonté de « poursuivre l'engagement de la réalisation du concile Vatican II [...] dans la fidèle continuité avec la tradition bimillénaire de l'Eglise ». Le concile *et* la tradition. Tout un programme. Complété par trois objectifs : l'unité des chrétiens, le dialogue avec les autres religions – dès le lendemain, il enverra un télégramme au grand rabbin de Rome pour lui proposer de continuer le dialogue voulu par Jean-Paul II – et le souci de la « collégialité » dans le gouvernement de l'Eglise. Certes, Benoît XVI apporte, par petites touches, au fil des jours, sa propre sensibilité. Il souligne, à plusieurs reprises, que « l'Eglise est vivante ». Il parle d'« amitié » avec le Christ. Il se réfère moins à la Sainte Vierge que son prédécesseur. Ce sont des nuances.

Mais comment pourrait-il y avoir rupture entre le pape polonais et le pape allemand ? Si les orientations de Benoît XVI correspondent à celles de Jean-Paul II, cela ne tient pas seulement à un choix intellectuel ou à une décision stratégique. A la nuance nationale près, les deux hommes sont le produit de la même histoire, ils ont été façonnés par les mêmes événements, ils sont issus de la même culture. Le 20 mai, Benoît XVI assiste, dans l'aula

Paul VI, à la projection d'un film sur Jean-Paul II, *Karol, un homme devenu pape*. Devant un millier d'invités très émus par cette évocation du pape défunt, il explique qu'il « faisait partie du plan de la divine Providence » que deux papes successifs aient vécu les horreurs de la dernière guerre : « Ces deux papes en pleine jeunesse, même s'ils étaient sur des fronts différents et dans des situations très différentes, ont connu la barbarie de la Seconde Guerre mondiale et la violence insensée des hommes contre les hommes, des peuples contre les peuples ! » Benoît XVI mêle dans sa condamnation, une fois de plus, les deux « aberrations » que furent le nazisme et le communisme athée, lequel a pris le relais, après la guerre, à l'est de l'Europe. « Chaque fois qu'une idéologie totalitaire menace l'homme, rappelle le nouveau pape avec force, c'est l'humanité entière qui est menacée. » Jean-Paul II n'avait-il pas dit, en son temps, que la Seconde Guerre mondiale avait été un « suicide de l'humanité » ?

L'Italie d'abord

Le 30 mai 2005, le premier voyage de Benoît XVI le conduit... en Italie. Le nouvel évêque de Rome pouvait-il ne pas se rendre à l'assemblée plénière de l'épiscopat italien, à Bari, dans les Pouilles ? Il le pouvait. Six semaines seulement après son élection, on lui aurait pardonné. Mais l'occasion était trop belle de souligner ostensiblement son accord avec Jean-Paul II sur un des thèmes qui taraudaient le pape polonais : le caractère sacré de la vie humaine. A quinze jours d'un quadruple référendum destiné à assouplir la législation italienne sur la procréation médicalement assistée, le déplacement du pape à Bari constitue une intrusion caractérisée dans le débat démocratique italien. Dans un climat politique exceptionnellement passionné, les évêques de la Péninsule ont clairement appelé à rejeter cette réforme **et,** pour mieux bloquer son adoption, ont appelé les catholiques à s'abstenir. Objectif : empêcher la participation d'atteindre le seuil des 50 % au-dessous duquel la loi ne peut être adoptée. Sans états d'âme, le pape soutient ce choix tactique. Sans complexe, il lance aux évêques italiens :

— Vous vous employez à éclairer le choix des catholiques et de tous les citoyens : dans cet engagement, je suis proche de vous !

Il est entendu. Les 12 et 13 juin, les catholiques boycottent le scrutin. La réforme est rejetée faute de quorum. Onze jours plus tard, en visite officielle au Quirinal, Benoît XVI écoute poliment le président italien Ciampi lui rappeler respectueusement les principes de la « laïcité » en vigueur dans son pays, mais il ne transige pas. Sans s'émouvoir, le pape appelle les responsables politiques à préserver « la famille fondée sur le mariage », à respecter le « droit des parents à un libre choix éducatif » et à défendre « la vie humaine depuis sa conception jusqu'à sa fin naturelle ». A ceux qui espéraient que le nouveau souverain pontife mettrait une sourdine au discours « moral » de Jean-Paul II sur la défense de la vie sous toutes ses formes, Benoît XVI apporte un démenti cinglant. Déjà, le 23 mai, il a adressé un message de soutien aux évêques espagnols opposés à la légalisation du mariage homosexuel par le gouvernement de Madrid. Le 16 juin, il a reproché au nouvel ambassadeur de Suisse l'adoption d'une loi autorisant le Pacs pour les homosexuels. En ce domaine, Benoît XVI s'affirme aussi un héritier scrupuleux...

L'Italie, l'Espagne, la Suisse. C'est l'Europe, à l'évidence, qui retient l'attention du pape pendant les deux premiers mois de son pontificat, alors que se profile le premier grand déplacement de Benoît XVI : les Journées mondiales de la jeunesse. Ce n'est pas son fait si elles doivent se tenir à Cologne. Dans son propre pays. Au centre de l'Europe.

CHAPITRE 11

Des JMJ au synode

— Très Saint-Père, bienvenue dans votre patrie !

Ce jeudi 18 août 2005 le président fédéral, Horst Köhler, lui-même protestant, pouvait-il accueillir autrement à Cologne le premier pape allemand de l'ère moderne ?

— Avec une joie profonde, je me trouve aujourd'hui dans ma chère patrie...

Le pape pouvait-il commencer autrement son tout premier discours en débarquant à l'aéroport de Cologne-Bonn ? Pouvait-il éviter d'évoquer, en arrivant à la cathédrale de Cologne, quelques-uns des « nombreux et beaux souvenirs » de ses débuts professionnels et souligner qu'ici, à Cologne, il s'est toujours senti « chez lui » ? Les journaux couvrant l'événement pouvaient-ils titrer sur autre chose ? « Benoît XVI prophète en son Allemagne » *(Le Figaro)*, « Les retrouvailles de Benoît XVI avec l'Allemagne » *(Le Monde)*, « Un pape d'Allemagne » *(La Croix)*, etc. Même si chacun sait que c'est le hasard – ou la Providence – qui a rendu possibles ces retrouvailles d'un pape allemand avec son pays natal, et même si personne ne souhaite en faire trop, dans ce pays encore traumatisé par le nazisme, sur le thème national. Lors de son premier voyage en Pologne, en juin 1979, Jean-Paul II avait tout intérêt à glorifier son pays et à exalter la fierté nationale de ses auditeurs. Le pape Ratzinger aurait plutôt tendance à faire l'inverse. D'ailleurs, il ne baise pas la terre de son pays en arrivant à Cologne, comme l'avait fait son prédécesseur en débarquant au même endroit, en novembre 1980. Ce jour-là, le pape polonais avait salué la « grande nation allemande ». Dans la bouche du pape allemand, l'expression serait déplacée. Et si Benoît XVI évoque, ici ou là, le « très riche patrimoine spirituel » de l'Allemagne, s'il rappelle que Cologne est chrétienne depuis presque deux mille ans, s'il en retrace l'histoire à travers les figures locales de sainte Ursule, saint Boniface, saint Albert le Grand, sainte Edith Stein, c'est pour mieux souligner que personne, ici, n'a de doutes sur les racines chrétiennes... de l'Europe.

C'est l'Europe, et non l'Allemagne, qui intéresse Benoît XVI. Dans une interview accordée à Radio Vatican la veille de son départ, le pape a souhaité, sans ambages, que ces JMJ de Cologne puissent « donner un souffle nouveau » à l'Europe. Non sans ironiser sur la « phase d'autocommisération et d'autocondamnation » que traverse le vieux continent, non sans inviter à « considérer aussi ce qu'il y a eu de grand en Europe », le pape célèbre, une fois de plus, les « racines très profondes » qui ont fait la civilisation européenne. Racines chrétiennes, s'entend. Ou judéo-chrétiennes, comme le rappellera sa visite, le lendemain, à la synagogue de Cologne.

L'Europe judéo-chrétienne

— *Shalom lechem !*

Jean-Paul II avait fait sensation, le 13 avril 1986, en rendant visite à la grande synagogue de Rome. Benoît XVI, en allant saluer la communauté juive de Cologne dans la synagogue de la Roonstrasse, où il dénonce le « crime inouï de la Shoah », montre qu'il entend poursuivre l'œuvre historique de son prédécesseur et favoriser le rapprochement entre juifs et chrétiens. Mais, par cette démarche, il associe aussi les juifs à l'histoire religieuse de l'Europe : la communauté juive de Cologne est vieille comme le christianisme (certaines de ses traces remontent au IVe siècle), elle a prospéré sous le Saint Empire romain germanique, elle s'est développée jusqu'à son expulsion brutale en 1424 (beaucoup de ses membres se sont réfugiés en Pologne), puis elle s'est reconstituée et développée au XIXe siècle avant qu'Adolf Hitler, au nom d'une « folle idéologie raciste de conception néopaïenne », n'ordonne la destruction de sa synagogue en 1938, dramatique prélude à l'« extermination du judaïsme européen » qui verra périr 11 000 Juifs de Cologne. Quinze ans plus tard, le temple est reconstruit et retrouve vie grâce à l'arrivée massive de Juifs d'URSS à la fin de l'époque communiste. C'est toute l'histoire du vieux continent qui défile ainsi, incarnée par les personnalités présentes : Joseph Ratzinger, qui dut porter, enfant, l'uniforme des Jeunesses hitlériennes ; Abraham Lehrer, responsable de la communauté juive de Cologne, dont la mère fut déportée à Auschwitz ; Jean-Marie Lustiger, ancien archevêque de Paris, juif polonais converti au catholicisme... Tous connaissent par cœur cette histoire « complexe et souvent douloureuse ». Tous se rappellent que Hitler, dans sa folie aryenne, avait décidé d'extirper, par tous les moyens, les racines « judéo-chrétiennes » de l'Europe.

Quelques heures plus tard, Benoît XVI rencontre à l'archevêché une trentaine de représentants des protestants allemands – baptistes, méthodistes, luthériens, réformés – qui sont, dans ce pays, aussi nombreux que les catholiques. La rencontre est moins émouvante, bien sûr, que celle de la synagogue. Elle n'a pas la même portée. Les questions en suspens entre les responsables protestants et le chef de l'Eglise catholique sont nombreuses et complexes. De plus, elles sont le résultat de cinq cents ans d'histoire agitée : l'Allemagne est le pays de la Réforme, qui a profondément divisé le monde chrétien jusqu'à générer, en Europe, des « guerres de religion » inutiles et meurtrières, mais elle est aussi le pays où l'œcuménisme a pris forme au cours du XXe siècle. Cette histoire-là, le pape allemand, ancien théologien et ancien archevêque, la connaît aussi par cœur.

Ce n'est pas le cas des adolescents qui chantent et qui dansent, depuis plusieurs jours, dans les différents quartiers de Cologne. Et qui reprenaient ce matin, dans les rues qui mènent à la synagogue, sans bien en connaître le sens, le refrain *Evenou shalom halerem* par lequel le pape y a été accueilli. « Les adultes, a dit Benoît XVI, ont la responsabilité de transmettre aux jeunes le flambeau de l'espérance qui a été donnée par Dieu aux juifs comme aux chrétiens, pour que *jamais plus* les forces du mal n'arrivent au pouvoir. » A l'occasion de ces JMJ, le pape a pris à témoin, en quelque sorte, ces centaines de milliers de jeunes catholiques qui ne connaissent généralement pas grand-chose de cette mémoire européenne et les a ainsi invités, implicitement, à en devenir les dépositaires.

2,5 % d'Africains

Même les représentants de la communauté islamique, que Benoît XVI reçoit le lendemain à l'archevêché, participent de cette histoire européenne, puisque les deux tiers des trois millions de musulmans qui vivent en Allemagne sont d'origine turque. Quand les interlocuteurs du pape l'entendent rappeler « les pages de l'histoire qui évoquent les batailles et les guerres qui se sont produites en invoquant, de part et d'autre, le nom de Dieu », ils ont les mêmes références que lui, des croisades aux conquêtes ottomanes. Et quand le pape appelle à « chercher les voies de la réconciliation » et à « apprendre à vivre en respectant chacun l'identité de l'autre », ils pensent évidemment au terrorisme islamique – les récentes explosions meurtrières de Madrid et de Londres sont dans toutes les mémoires – mais davantage encore aux tensions racistes qui inquiètent les immigrés un peu partout en Europe.

Ces JMJ, censées rassembler les jeunes catholiques du monde entier, sont bien une fête européenne. Le souci d'exactitude qui caractérise les organisateurs allemands les pousse à publier quelques statistiques éloquentes : au cœur de cette grande fête de la jeunesse du monde, on ne rencontre que 2,5 % d'Africains, 3,5 % d'Américains du Sud, et 3 % de jeunes venus d'Asie. Les trois cents jeunes venus du Salvador, par exemple, se sentent-ils vraiment concernés par la Confession d'Augsbourg, la bataille de Lépante, la Shoah et le Goulag ? Chez eux, le principal problème qui mobilise les jeunes catholiques, c'est la misère qui pousse les gens à fuir le pays en abandonnant leurs enfants qui sont récupérés par des chefs de gangs armés !

Contrairement à ce que promettaient beaucoup de commentateurs sceptiques, les JMJ de Cologne vont s'achever en apothéose avec la veillée du samedi soir (700 000 jeunes) et la grand-messe de Marienfeld le dimanche matin (1,1 million de fidèles). Pourtant, ici comme ailleurs, Benoît XVI aura privilégié les tête-à-tête : à bord du bateau sur lequel il a remonté le Rhin le premier jour, il a préféré les bénédictions individuelles aux grands gestes en direction de la foule massée sur les rives du fleuve. Pendant deux jours, ses homélies ont davantage ressemblé aux cours de théologie donnés naguère par le professeur Ratzinger qu'aux échanges théâtraux et presque physiques entre l'ex-comédien Karol Wojtyla et son jeune public enthousiaste. A Cologne, pas de « *John Paul Two, We Love You !* ». Simplement ces quatre notes chantées, à la fois modestes et sympathiques : « *Be-ne-det-to !* »

Benoît XVI n'a pas cherché à imiter Jean-Paul II. C'est

cette authenticité qui, sans aucun doute, lui a permis de gagner son pari et de séduire tous ces jeunes qui ne savaient rien de lui. C'est à Cologne, le dimanche 21 août 2005, que Benoît XVI a réellement succédé à Jean-Paul II.

Un synode sur l'Eucharistie

Le second événement de ce début de pontificat débute le dimanche 2 octobre 2005 par une messe solennelle dans la basilique Saint-Pierre. Jean-Paul II avait souhaité que la XIe assemblée du Synode des évêques – cette institution fondée par Paul VI après le concile Vatican II – consacre ses travaux à l'Eucharistie, ce qui avait surpris quelques éminences : le vieux pape polonais venait de publier sur ce sujet plusieurs textes dont une encyclique, *Ecclesia de Eucharistia*, la dernière de son règne, et il avait fait de 2005 l'« année de l'Eucharistie ». N'y avait-il pas d'autres urgences, pour l'Eglise, que de se pencher à nouveau sur ce qu'elle fait depuis deux mille ans sans grands bouleversements : la célébration de la messe ?

Or, dès son homélie, ce 2 octobre, Benoît XVI indique que le sujet est crucial. Le pape retrouve les accents du cardinal Ratzinger, quelques mois plus tôt, dans sa méditation du vendredi saint : « Note vie chrétienne n'est-elle pas plus souvent du vinaigre que du vin ? Commisération sur nous-même, conflit, indifférence ? » Et il s'adresse, une fois encore, à cette société occidentale laïciste et relativiste qui bannit et évacue Dieu : « La tolérance qui admet Dieu comme une opinion privée mais lui refuse le domaine public [...] n'est pas tolérance, mais hypocrisie ! » Or, souligne le pape, le jugement dernier « nous concerne nous aussi, l'Eglise en Europe, l'Europe et l'Occident en général » !

L'assistance compte 252 évêques venus de 118 pays.

Seulement 95 d'entre eux sont des Européens. Les autres sont arrivés d'Afrique, d'Asie, d'Amérique (une cinquantaine par continent) et une poignée a fait le voyage depuis l'Océanie. Quand ils vont commencer leurs travaux dans la salle du Synode, au-dessus de l'aula Paul VI, les retrouvailles seront chaleureuses entre tous ces prélats avides de rencontrer leurs pairs et d'échanger leurs expériences. Même si le synode ne devait déboucher sur rien de concret, ces trois semaines de contacts, d'échanges et d'amitié entre tous ces délégués de l'Eglise universelle resteraient très utiles. Les temps changent : on a modernisé la climatisation et les transmissions vidéo, on a instauré la traduction simultanée et le vote électronique, mais il flotte toujours, dans ces réunions, un petit parfum de Vatican II. Il y a un détail, aussi, à peine perceptible, qui rappelle le dernier concile : sur les 32 « experts » qui vont assister les pères synodaux, 30 sont des Européens. Un seul – un théologien mexicain – vient du tiers monde. A ce niveau, le décalage est flagrant entre la réalité de l'Eglise catholique et son expression institutionnelle.

Il y a une autre nouveauté, dans ce premier synode de l'après-Jean-Paul II. Benoît XVI a décidé d'instituer une séance de « libre discussion » chaque soir, de 18 à 19 heures. Une idée « formidable », assure le patriarche de Venise Angelo Scola, bientôt tempéré par certains participants qui constatent avec regret que les évêques ne sont décidément pas « habitués à débattre » et qu'il ne serait pas absurde de les former à ce genre d'exercice[1]. Le 7 octobre, le secrétaire général, Mgr Eterovic, doit même leur rappeler qu'ils sont là pour échanger des idées et non pour continuer à parler l'un après l'autre, de huit minutes en huit minutes, comme pendant les congrégation générales !

Mais le pape sait ce qu'il fait. On reproche si souvent à l'Eglise son inaptitude au débat interne ! Même balbutiant, ce nouveau rituel est un progrès. La « méthode Ratzinger », c'est le dialogue, l'écoute. Lui-même ne manquera d'ailleurs aucune de ces séances, où l'on peut aborder tous les sujets, selon l'inspiration de chacun. Il n'hésite pas, bousculant les règles, à intervenir lui-même dans la discussion, le 6 octobre, pour rappeler les fondements bibliques de l'Eucharistie :

— Cela fait trente ans que je réfléchis à cela, aussi demandé-je la parole...

Au fil des jours, sans intermédiaire, il constate que le moral des évêques n'est pas au plus haut : manque de prêtres, diminution de la pratique, crise de la transmission de la foi, inculture religieuse, inadaptation du langage au monde moderne...

Génuflexion et chants créoles

Ces échanges débridés ont une autre vertu : on y mesure mieux les différences d'approche entre les Européens et les délégués du reste du monde. Il y a d'abord le vieux problème de l'utilisation d'un vocabulaire théologique gréco-européen dans des régions totalement étrangères à cette culture-là : « Comment puis-je parler de *transubstantation* et de *transfinalisation* pour évoquer la "présence réelle" du Christ dans l'hostie à mes ouailles habituées aux concepts animistes ? » demande un évêque nigérian. A l'inverse, l'idée qu'on puisse agrémenter le rituel de la messe de gestes ou de symboles propres à la culture régionale provoque l'indignation d'un cardinal... africain : « Les danses, c'est bon pour la salle paroissiale, mais pas pendant la messe ! » Un point de vue combattu par l'évêque de Yokohama, au Japon, qui souhaite, lui, que l'Eglise adapte davantage ses rites aux coutumes locales. Même réaction chez un évêque de l'île Maurice : « Quelle joie, dans nos petites îles de l'océan Indien, d'entendre Jésus nous parler dans notre langue maternelle, et de lui rendre grâces avec nos tambours, nos boms, triangles et cordeons, et nos chants créoles ! »

Le contraste est parfois surprenant, dans ces échanges, entre un haut dignitaire de la curie qui invite doctement ses collègues à réhabiliter la génuflexion, et, juste après lui, un évêque du Burundi qui explique que la messe est le seul moment où ses paroissiens d'ethnies différentes ne se tuent pas entre eux. Ayant expliqué à un collègue asiatique comment se posait le problème de la chute de la pratique religieuse dans les Pyrénées, tel évêque français s'entend répondre que dans certains diocèses du Vietnam, il arrive que quinze mille personnes se pressent à l'église le dimanche : la modernisation du rite eucharistique, en l'occurrence, serait une bêtise ! Tel autre, à propos de la crise des vocations, écoute avec effarement un collègue africain lui expliquer que chez lui, le problème est de faire le tri entre des centaines de candidats à la prêtrise, majoritairement attirés par la promotion sociale que représente, dans la brousse, l'accès au sacerdoce ! « Pour célébrer la messe dans nos territoires les plus reculés, demande candidement un évêque de Papouasie-Nouvelle-Guinée, est-ce qu'on ne pourrait pas ordonner des hommes mûrs, à la foi confirmée, sans les faire passer par de longues études de théologie et de philosophie ? » A l'inverse, quand la question du mariage des prêtres est posée aux patriarches orientaux de rite byzantin, dont les curés sont parfois mariés et pères de famille, la réponse est plutôt réservée : ordonner des hommes mariés ne pose aucun problème de dogme, confirment-ils, mais ces prêtres-là, d'expérience, ne sont « pas assez disponibles » aux yeux de leurs paroissiens, et ne peuvent pas être facilement mutés, en cas de besoin, par leur hiérarchie !

Le dossier des divorcés remariés

Rien n'est simple, comme le montre le dossier des divorcés remariés. Une majorité d'évêques souhaite que la discipline de l'Eglise soit assouplie à l'encontre des divorcés catholiques qui, ayant avancé dans la vie et retrouvé un équilibre affectif, souffrent sincèrement d'être interdits de communion, surtout quand ils ont été simplement victimes, naguère, du départ de leur conjoint. Certains prélats, comme Mgr Dew, archevêque de Wellington, n'hésitent pas à dénoncer à haute voix cette règle qui leur semble à la fois injuste et absurde. On sait que Benoît XVI, là-dessus, « réfléchit », ce qui veut dire qu'il hésite. Déjà, quand il présidait la Congrégation pour la Doctrine de la foi, il avait émis l'avis de modifier ce point de discipline, et avancé une formule originale : l'Eglise ne peut pas désunir ce que Dieu a uni, certes, mais ne pourrait-elle pas annuler un premier mariage célébré sans véritable foi ? Cela permettrait de régler de nombreux cas douloureux ! Mais ses collègues l'avaient fait revenir sur cette suggestion audacieuse – et, avouons-le, un tantinet hypocrite. Interpellé là-dessus lors de sa rencontre avec le clergé romain, le 13 mai, à la basilique Saint-Jean-de-Latran, le nouveau pape avait ostensiblement omis de répondre.

De nombreux commentateurs ont fait de ce dossier sensible un test de la volonté de réforme du synode. Il est plus facile, en effet, de modifier la discipline que de toucher au dogme. Mais après le grand déballage des congrégations générales, quand le sujet a été évoqué lors des « carrefours linguistiques », quelques évêques européens sont tombés de haut : l'accès des divorcés à l'Eucharistie est considéré par les délégués du tiers monde, notamment africains, comme un problème très occidental ! L'admission à la communion, en Afrique, concerne bien davantage les polygames, les animistes ou les musulmans. Les évêques indiens, qui baignent dans un univers multireligieux, rencontrent le même problème. Les Américains du Nord, quant à eux, posent une tout autre question, bien plus embarrassante : peut-on admettre à la sainte table des fidèles qui, par ailleurs, sont favorables à l'avortement ou au mariage homosexuel ?

Interrogé sur ce décalage entre la priorité donnée aux préoccupations « européennes » sur les questions parfois inédites venues du bout du monde, le cardinal Godfried Danneels, archevêque de Bruxelles et Malines, a cette réponse peu convaincante : « Notre continent garde son importance, non par suprématie, mais parce qu'il est frappé par la sécularisation. Or, tôt ou tard, une sorte de sécularisation et de pluralisme dans la société apparaîtra aussi sur les autres continents[2]... »

Toutes les questions abordées au synode ont fait l'objet d'un document public (c'est encore une nouveauté) mais, paradoxalement, cette communication a déclenché une vague de commentaires négatifs : la lecture des « cinquante propositions papales », en effet, a montré qu'aucun des problèmes posés pendant ces trois semaines – réforme liturgique, divorcés-remariés, intercommunion, célibat des prêtres, place des femmes dans l'Eglise – n'avait trouvé le moindre début de réponse ! Ce qui met à égalité les Européens et les évêques du tiers monde. Certains sont rassurés, beaucoup sont déçus. Le cardinal allemand Walter Kasper, président du Conseil pour l'unité des chrétiens, résume à sa façon les résultats du premier synode de l'ère Ratzinger :

— Il n'y a pas eu de retour en arrière[3] !

Conclusion

Le dernier pape européen

Au lendemain de l'élection de Benoît XVI, les commentaires ont porté sur son enfance au temps du nazisme, son brillant passé de théologien, son image contestée de conservateur, son rôle de gardien du dogme, sa proximité avec le pape disparu. Il fallait dresser l'oreille pour entendre, ici ou là, dans la foule de la place Saint-Pierre et dans les médias européens, l'esquisse d'une inquiétude : ce pape-là parle cinq ou six langues, et c'est heureux, mais il connaît peu l'Amérique latine, il n'a jamais eu de relations avec l'Afrique, il ignore tout de l'Asie...

De fait, Joseph Ratzinger a très peu voyagé, sinon pour aller prononcer des conférences savantes à Guayaquil, Hongkong ou Guadalajara. Certes, en tant que préfet de la Congrégation pour la Doctrine de la foi, il a passé vingt-trois ans à écouter les comptes rendus et les doléances des évêques du monde entier. Mais il n'a jamais été nonce apostolique ou missionnaire, il n'a fait aucun long séjour en Amérique du Sud ou en Afrique noire, il ne connaît pas *physiquement* le tiers monde. Cette lacune paraît difficile à combler : d'abord, cet intellectuel habitué aux amphithéâtres et aux bibliothèques n'aime pas voyager ; ensuite, ce n'est pas à 79 ans qu'on commence une carrière d'explorateur ; enfin, cet homme timide, qui déteste le bruit et la foule, n'a visiblement pas l'intention de devenir, comme son prédécesseur, une « star » des médias du monde entier.

Benoît XVI sera donc un pape européen. Ce n'est pas un défaut. Cela ne veut pas dire qu'il négligera le reste du monde, bien sûr. Mais il est clair que l'Eglise catholique, cette « petite barque qui prend l'eau de toute part », comme lui-même la décrivait en 2005, restera ancrée, durant son pontificat, sur le vieux continent.

Jean-Paul II, lui aussi, était un Européen. Lui aussi était né au cœur de cette vieille Europe épuisée de drames et couturée de cicatrices : de même que Joseph Ratzinger est né à quinze kilomètres du village natal de Hitler, Karol Wojtyla était né à vingt-cinq kilomètres du camp d'Auschwitz. Impossible, quand on vient de cette région, de faire abstraction de deux guerres mondiales, de l'Holocauste, du mur de Berlin et du Goulag. Jean-Paul II, à 84 ans, y a consacré son tout dernier livre. Benoît XVI le rappelait, lui, dans son premier discours au corps diplomatique : « Je viens d'un pays où la paix et la fraternité sont chères au cœur de tous les habitants en raison d'idéologies dévastatrices et inhumaines... »

Mais Jean-Paul II avait su dépasser les pesanteurs et les limites de sa propre culture. Alors qu'il était encore archevêque de Cracovie, ses visites à la diaspora polonaise l'avaient fait voyager dans le vaste monde, de l'Amérique du Nord jusqu'à la Papouasie-Nouvelle-Guinée. Ce Polonais, qui revendiquait si fort son appartenance nationale, ne s'est pas contenté d'internationaliser la curie et de canoniser des saints dans tous les pays. Il a transporté physiquement le gouvernement de l'Eglise aux quatre coins du globe, au cours de cent quatre voyages internationaux qui resteront l'une des spécificités de son long pontificat. Et, à l'heure de la mondialisation, il a sciemment « médiatisé » la fonction de pape, projetant sur les écrans de toute la planète les grands moments de la vie de l'Eglise, du « Grand Jubilé » célébrant deux mille ans de christianisme à ces spectaculaires rendez-vous de la jeunesse du monde que furent les JMJ – et jusqu'à ses propres obsèques, suivies par plus d'un milliard de téléspectateurs.

Mozart est-il universel ?

La première messe papale de Benoît XVI, le 20 avril 2005, s'achevait sur le *Messie* de Haendel. La cérémonie d'intronisation, trois jours plus tard, s'achevait sur une *aria* de Bach. Le pape bavarois, depuis son enfance, est un grand amateur de Mozart. Il ne faut pas s'étonner si les débuts de son pontificat ont naturellement privilégié les références, les formes et les tonalités proprement européennes. Dans les petites affaires – comme cet appel, à la veille des vacances d'été, à la prudence sur les routes ! – ainsi que dans les grandes : quand le nouveau pape veut montrer que l'œcuménisme reste une priorité majeure de l'Eglise, il s'adresse aux réformés français, aux luthériens allemands et aux orthodoxes russes. Même dans sa première encyclique, *Deus caritas est*, publiée le 25 janvier 2006, il multiplie les raisonnements et les citations propres à la culture européenne : définitions empruntées à la pensée grecque, exemples puisés dans l'histoire allemande, recours aux préceptes de saint Augustin, appel aux grands saints du monachisme occidental...

Les fidèles d'Afrique, d'Amérique et d'Océanie comprennent, bien sûr, ces principes, ces expressions, ces références qui, pour avoir été forgés dans le creuset culturel et politique de l'Europe, n'en sont pas moins universels. Pour combien de temps ? Quand le petit Joseph Ratzinger est venu au monde, dans les années 1920, les deux tiers des catholiques se trouvaient en Europe. Aujourd'hui, la proportion est inversée. Selon les dernières statistiques publiées par le Vatican, il y a 1,08 milliard de catholiques dans le monde, dont 49,8 % en Amérique, 13,2 % en Afrique et 10,4 % en Asie. L'Europe ne réunit que 25,8 % du total des fidèles. Ce décalage ne cesse de s'accentuer : en Afrique, les catholiques progressent de 4,5 % par an, alors qu'en Europe, le taux de progression est égal à zéro. Il est d'ailleurs franchement négatif dans quelques pays de longue tradition chrétienne comme la France, l'Espagne et... l'Allemagne. Quand le jeune Joseph Ratzinger est entré au séminaire, dans les années 1930, l'Europe fournissait des prêtres au monde entier. Aujourd'hui, si la Pologne et l'Italie en forment encore un nombre honorable, les nouveaux prêtres se recrutent majoritairement au Brésil, au Mexique, en Inde, aux Philippines, au Nigeria et en Colombie.

A l'aube du troisième millénaire de l'Eglise, les catholiques thaïlandais, burkinabés, chiliens et philippins se satisferont-ils longtemps encore d'une religion si profondément accrochée aux repères et aux modèles successivement exaltés par le pape polonais et le pape allemand : le latin et le roman, Aristote et saint Benoît, l'Inquisition et la Réforme, Bach et Mozart, la Shoah et le Goulag ? Dans son étonnant dialogue avec le philosophe Jürgen Habermas, en janvier 2004, le cardinal Ratzinger explique lui-même qu'« aucune des deux grandes cultures de l'Occident, la foi chrétienne et la rationalité séculière, même si elles déterminent la situation du monde bien plus fortement que toutes les autres forces culturelles, ne peut prétendre à l'universalité[1] ».

Un jour, nécessairement, un nouveau conclave élira le successeur de Benoît XVI. Pour des raisons statistiques, selon toute vraisemblance, le 266e successeur de saint Pierre ne sera ni polonais ni allemand. Pour des raisons démographiques, il ne sera pas né dans l'Europe de l'entre-deux-guerres. Viendra-t-il du tiers monde ? C'est possible. L'élection de Karol Wojtyla, en 1978, a brisé la lignée cinq fois centenaire des papes italiens. Il n'y a plus de tabous. Les différentes hypothèses émises lors du dernier conclave – et les voix qui se sont portées sur le cardinal argentin Jorge-Maria Bergoglio – ont rendu cette éventualité parfaitement crédible. Un pape latino-américain ou africain, même appartenant à la curie, même professant des opinions conservatrices, quelle révolution ce serait pour l'Eglise !

Et même si le prochain conclave élit un cardinal italien, celui-ci se retrouvera à la tête d'une Eglise dont l'Europe ne sera plus que le berceau. Quelles que soient ses origines, le troisième pape du troisième millénaire sera amené à ouvrir toutes grandes les fenêtres du Vatican sur le reste du monde. C'est ce que disait, le 19 avril 2005, cet évêque interrogé place Saint-Pierre : « La plupart des catholiques vivent dans le tiers monde. En Europe, nous traitons des problèmes comme la situation des femmes dans l'Eglise ou le célibat des prêtres. Mais le pape devra mettre plutôt l'accent sur les problèmes mondiaux : la justice et la paix en Amérique latine ou dans la région des Grands Lacs, les droits de l'homme, le sida, etc. » Clin d'œil de l'Histoire : le prélat qui parle ainsi, Mgr Engebelt Siegler, est évêque... de Munich[2].

Notes

INTRODUCTION

1. *Le Monde*, 25 avril 2005.
2. C'est Paul VI qui, en 1964, fit de saint Benoît le « saint patron de l'Europe ». Jean-Paul II lui adjoindra les deux saints évangélisateurs de l'Est européen, Cyrille et Méthode.
3. *Joseph Ratzinger : discours et conférences (de Vatican II à 2005)*. Hors-série de *La Documentation catholique* (Bayard, 2005).

1. LA BAVIÈRE PROFONDE

1. Joseph, cardinal Ratzinger, *Ma vie. Souvenirs 1927-1977*, Fayard, 1998.
2. Cardinal Ratzinger, *Le Sel de la terre. Entretiens avec Peter Seewald*, Flammarion-Cerf, 1997.
3. *Ibid.*
4. Devant cinq mille pèlerins allemands, le 25 avril 2005.
5. *Ma vie, op. cit.*
6. *Ibid.*
7. Rencontre avec des enfants à Rome, 15 octobre 2005.
8. Bernard Lecomte, *Jean-Paul II*, Gallimard, 2003.

2. LES HORREURS DE LA GUERRE

1. *Le Sel de la terre, op. cit.*
2. Rapporté par Odile Benyahia-Kouider, *Libération*, 29 juin 2005.
3. *Ma vie, op. cit.*
4. Discours devant le Conseil pontifical de la pastorale des services

de santé (28 novembre 1996), cité par Andrea Tornielli, *Benoît XVI, la biographie*, City Editions, 2005.

5. *Ma vie, op. cit.*

6. Conférence à Caen pour le soixantième anniversaire du débarquement de Normandie, 5 juin 2004.

7. *Ma vie, op. cit.*

8. A la projection d'un film sur Jean-Paul II le 20 mai 2005 (*cf.* chapitre 9).

9. Notamment *The Independant.*

3. Une formation allemande

1. *Ma vie, op. cit.*

2. Alors qu'il a décidé de ne plus présider de béatification, Benoît XVI se rendra personnellement à la fin de la messe de béatification du cardinal Clemens August von Galen, le 9 octobre 2005, à Saint-Pierre-de-Rome, pour rendre un hommage personnel à ce défenseur « des droits de Dieu, de l'Eglise et de l'homme, que le régime nazi violait de façon grave et systématique au nom d'une aberrante idéologie néopaïenne ».

3. Romano Guardini (1885-1968) fut un des plus grands théologiens germanophones du début du XXᵉ siècle. Il a notamment publié *Fin des temps modernes* (réédité au Seuil en 2005).

4. Martin Buber (1878-1965), philosophe juif d'expression allemande, spécialiste du hassidisme, enseigna l'histoire religieuse à Francfort avant de fuir le régime nazi et de poursuivre son œuvre à Jérusalem. Il est notamment l'auteur de *Dieu et le mal* (1952).

5. *Ma vie, op. cit.*

6. *Ibid.*

7. *Le Sel de la terre, op. cit.*

8. *Ma vie, op. cit.*

9. L'habilitation est l'équivalent du doctorat d'Etat.

4. L'aventure du concile

1. Joseph Frings, *Für die Menschen bestellt. Erinnerungen*, Cologne, J.P. Bachem Verlag, 1973.

2. *Histoire du concile Vatican II 1959-1965.* Sous la direction de Giuseppe Alberigo, tomes I à V, Cerf/Peeters, 1997-2005.

3. Joseph Ratzinger, *Die erste Sitzungsperiode des Zweiten Vatikanischen Konzils – Ein Rückblick*, Cologne, 1963.

4. *Histoire du concile...*, *op. cit.*

5. *Ma vie, op. cit.*

6. Dans son *Journal du concile*, Yves Congar raconte l'inquiétude de son jeune collègue Ratzinger après une déclaration malheureuse de Paul VI, en avril, sur la responsabilité des juifs dans la mort de Jésus. Le faux pas de Paul VI était provoqué par une réaction virulente, voire guerrière, de l'ensemble des pays et communautés arabes émus par ce changement de ton des catholiques à l'égard des juifs.

7. *Histoire du concile, op. cit.*

8. *Ma vie, op. cit.* Lire aussi sur ce point *L'Esprit de la liturgie*, Ad Solem, 2001.

5. LE CHOC DE 1968

1. *Ma vie, op. cit.*

2. Mgr Joseph Doré, *La Grâce de vivre (entretiens avec Michel Kubler et Charles Ehlinger)*, Bayard, 2005.

3. La thèse de Hans Küng est intitulée *La Justification – la doctrine de Karl Barth et une réflexion catholique*. Karl Barth (1886-1968), théologien et pasteur suisse, enseigna à Münster et Bonn avant la guerre. Il s'est opposé à l'antisémitisme, au nazisme puis au communisme.

4. Entretien au magazine *Le Point*, 13 octobre 2005.

5. *La Documentation catholique,* n° 1478, 1966.

6. *Le Sel de la terre, op. cit.*

7. Mgr Stanislas Lalanne, entretien avec l'auteur.

8. Rudolf Bultmann (1884-1976) : bibliste et théologien protestant, auteur d'un *Manifeste de la démythologisation* (1941) qui l'a fait connaître en France. Ernst Käsemann (1906-1998) : théologien protestant, disciple de Rudolf Bultmann dont il a repris l'interprétation « existentialiste » des Evangiles.

9. *Einführung in das Christensum*, Kösel-Verlag, Munich, 1968. L'édition française a été publiée en 1969 sous le titre *La Foi chrétienne hier et aujourd'hui* aux éditions du Cerf, et rééditée en 2005.

10. *Ma vie, op. cit.*

11. Hans Küng, *Erkämpfte Freihiet – Erinnerungen*, Piper, Munich/ Zurich, 2002.

12. Le livre de messe de la ville de Rome, considéré comme correct, avait servi de critère, d'où le nom de missel « romain ».

13. Joseph Ratzinger au journaliste Vittorio Messori, *Entretien sur la foi*, Fayard, 1985.

14. Paru en français aux éditions du Seuil en 1978.

6. Archevêque de Munich

1. Saint Corbinien est aussi, en France, le patron du diocèse d'Evry, qui est jumelé à celui de Munich-Freising.

2. *Le Sel de la terre, op. cit.*

3. *Ibid.*

4. Interview de Benoît XVI à la télévision polonaise, le 16 octobre 2005, pour le vingt-septième anniversaire de l'élection de Jean-Paul II à la tête de l'Eglise.

5. Dans *Le Sel de la terre, op. cit.* Joseph Ratzinger écrit : « Ce qui m'a d'abord rapproché de Wojtyla, c'est sa franchise directe, humaine, sans complication, son ouverture et aussi la cordialité qui émane de lui. C'est l'humour, puis la piété que l'on sentait en lui, sans rien d'artificiel, rien de superficiel. On sentait qu'il y avait là un homme de Dieu. C'est un homme qui ne prend jamais de poses [...] et en outre un être très original, qui a derrière lui une longue histoire de pensée et de vie [...]. »

6. George Weigel, *Jean-Paul II, témoin de l'Espérance*, J.-C. Lattès, 1999.

7. Bernard Lecomte, *Jean-Paul II, op. cit.*

7. Le gardien du dogme

1. *Le Sel de la terre, op. cit.*

2. Article 48 de la constitution apostolique *Pastor bonus* (juin 1988).

3. *Ad limina* : ces visites « aux limites des tombeaux des apôtres Pierre et Paul » *(ad limina apostolorum)* ont lieu tous les cinq ans.

4. *Le Sel de la terre, op. cit.*

5. Témoignage du cardinal Tarcisio Bertone dans *Famiglia Cristiana,* cité par Jean-Marie Guénois, *Benoît XVI, le pape qui ne devait pas être élu*, J.-C. Lattès, 2005.

6. *Le Sel de la terre, op. cit.*

7. Mgr Roland Minnerath, membre de la commission (entretien avec l'auteur).

8. Conférence (sur la catéchèse) prononcée par le cardinal Ratzinger à Lyon et à Paris les 15 et 16 janvier 1983.

9. *Le Sel de la terre, op. cit.* Le cardinal Lustiger, sur ce point, a eu ce mot : « Ratzinger était chargé de rappeler ce qu'est la foi catholique, il n'était pas chargé de la communication ! » (*La Croix*, 21 avril 2005.)

10. Joseph Ratzinger, *Entretien sur la foi* (avec Vittorio Messori), Fayard, 1985. Paru juste avant le synode extraordinaire faisant le bilan de Vatican II, le livre a fait scandale. Ratzinger a dû s'expliquer, par la suite, sur le mot « restauration » qui n'a rien à voir, dit-il, avec un retour en arrière.

11. Interview à *L'Express*, 20 mars 1997.

12. *Ma vie, op. cit.*

8. L'EUROPE AU CŒUR

1. Bernard Lecomte, *La vérité l'emportera toujours sur le mensonge (Comment le pape a vaincu le communisme)*, J.-C. Lattès, 1991.

2. Discours au corps diplomatique, 10 janvier 2002.

3. Exhortation postsynodale *Ecclesia in Europa*, juin 2003.

4. Discours de Jean-Paul II à Bruxelles, 20 mai 1985.

5. Interview de Joseph Ratzinger au *Figaro Magazine*, 13 août 2004.

6. *Mémoire et identité*, Flammarion, 2005.

7. Titre original : *Wendezeit für Europa*. La version française paraîtra en 1996 aux éditions Flammarion/Saint-Augustin.

8. Le 4 avril 1991. Voir *La Documentation catholique* n° 2028, 19 mai 1991.

9. Titre original : *Europa, I suoi fondamenti oggi e domani*, paru aux éditions San Paolo, Milan, en 2004.

10. Titre original : *Werte in Zeiten des Umbruchs*. La version en langue française paraît au printemps 2005 en Suisse, aux éditions Parole et Silence.

11. Titre original : *L'Europa di Benedetto nella crisi delle culture*. Les éditions Cantagalli (Sienne) avaient d'abord prévu comme titre *La Crise des cultures*, mais l'élection de Benoît XVI les a poussées à le modifier...

9. LE TRÔNE DE SAINT PIERRE

1. Les *Focolari*, fondés en 1943 par Chiara Lubitch, sont un important mouvement de laïcs.

2. Le cardinal philippin Jaime Sin est aussi dans ce cas, mais il est absent pour raison de santé.

3. Sur les 115 cardinaux électeurs, il y a 21 Latino-Américains, 14 Nord-Américains, 11 Africains et 11 Asiatiques (sur 59 non-Européens), 20 Italiens et 5 Français (sur 58 Européens).

4. Indiscrétion d'un cardinal qui a révélé tous ces détails par téléphone au journaliste Lucio Brunelli, qui en a fait un grand papier dans la revue italienne *Limes*. La quasi-totalité des vaticanistes considèrent ces révélations comme très plausibles.

5. Selon Caroline Pigozzi, de *Paris Match*, il n'y aurait eu que 112 suffrages exprimés au dernier tour, car le Belge Danneels et le Britannique Murphy O'Connor se sont abstenus, tout comme Ratzinger lui-même.

6. A Sophie de Ravinel, *Le Figaro*, 22 avril 2005.

7. Jean-Marie Guénois, *Benoît XVI*, *op. cit.*

10. LES PREMIERS PAS

1. La chaîne Canal + publiera des excuses dès le lendemain.

2. Stanislaw Dziwisz sera nommé archevêque de Cracovie en remplacement du cardinal Franciszek Macharski, lequel avait lui-même remplacé Karol Wojtyla, en 1978, à la tête de cet archidiocèse.

3. Le mouvement de Schönstatt, fondé par le pallotin allemand Josef Kenterich en 1949, comprend vingt-cinq communautés indépendantes avec différents degrés de consécration (six instituts séculiers, sept fédérations apostoliques, onze ligues apostoliques et un mouvement populaire et de pèlerinage).

4. Renato Boccardo sera remplacé, en octobre 2005, par Alberto Gasbarri, directeur administratif de Radio Vatican.

5. Cf chapitre 6.

6. Yves Pitette dans *La Croix*, 19 mai 2005.

7. Joseph Ratzinger, *Jean-Paul II : vingt ans dans l'Histoire*, Bayard, Editions/Centurion, 1999.

11. DES JMJ AU SYNODE

1. Interview de Mgr Bruno Forte dans *La Croix*, 21 octobre 2005.

2. Interview du cardinal Danneels dans *La Croix*, 25 octobre 2005.

3. *La Croix*, 24 octobre 2005.

CONCLUSION

1. Revue *Esprit*, n° 306, juillet 2004.

2. Interview dans *La Croix*, 22 avril 2005.

Chronologie
de la vie de Joseph Ratzinger

16 avril 1927	Naissance de Joseph Ratzinger à Marktl-am-Inn
30 janvier 1933	*Hitler devient chancelier du Reich*
6 mars 1937	Le père Ratzinger prend sa retraite
Pâques 1939	Entre au séminaire de Traunstein
1er septembre 1939	*Début de la Seconde Guerre mondiale*
Eté 1941	Enrôlé dans les *Hitlerjugend*
20 septembre 1944	Part pour le Service du Travail obligatoire
8 mai 1945	*Capitulation du Reich*
19 juin 1945	Libéré du camp américain d'Ulm
Novembre 1945	Etudiant au grand séminaire de Freising
1er septembre 1947	Etudiant en théologie à Fürstenried
Août 1950	Examen final de théologie à Munich
29 juin 1951	Ordination à la cathédrale de Freising
Septembre 1951	Vicaire à la paroisse du Précieux-Sang à Munich
1er octobre 1952	Chargé de cours au séminaire de Freising
Printemps 1956	Congrès de dogmatique à Königstein
21 février 1957	Soutenance de sa thèse d'habilitation
1er janvier 1958	Professeur titulaire à l'université de Freising
25 août 1958	Mort de son père Joseph
15 avril 1959	Professeur de théologie fondamentale à Bonn
13 août 1961	*Erection du mur de Berlin*

8-12 octobre 1962	Début du concile Vatican II
Eté 1963	Professeur de dogmatique à Münster
16 décembre 1963	Mort de sa mère Maria
Février 1964	Son frère devient maître de chapelle à Ratisbonne
8 décembre 1965	*Fin du concile Vatican II*
Janvier 1965	Fondation de la revue *Concilium*
Eté 1966	Professeur de dogmatique à Tübingen
14 juillet 1966	Intervention au Katholikentag de Bamberg
Eté 1969	Professeur de dogmatique à Ratisbonne
1972-74	Fondation de la revue *Communio*
24 mars 1977	Nommé archevêque de Munich et Freising
28 mai 1977	Consécration épiscopale à Munich
27 juin 1977	Créé cardinal par Paul VI
6 août 1978	Mort de Paul VI
25-26 août 1978	Conclave – élection de Jean-Paul Ier
14-16 octobre 1978	Conclave – élection de Jean-Paul II
18-19 novembre 1980	Voyage de Jean-Paul II en Bavière
25 novembre 1981	Nommé préfet de la Congrégation pour la Doctrine de la foi
15 février 1982	Quitte l'archevêché de Munich et Freising
6 août 1984	*Instruction sur certains aspects de la théologie de la libération*
Juin 1985	Sortie du livre *Entretien sur la foi*
30 juin 1988	Excommunication de Mgr Lefebvre
9 novembre 1989	*Chute du mur de Berlin*
Novembre 1991	Mort de sa sœur Maria
13 janvier 1992	Elu à l'Académie des sciences morales et politiques
6 novembre 1992	Discours à l'Académie des sciences morales et politiques
5 avril 1993	Elevé au rang de cardinal-évêque
6 novembre 1998	Elu vice-doyen du collège des cardinaux
5 septembre 2000	Déclaration *Dominus Jesus*
16 avril 2002	75e anniversaire
30 novembre 2002	Elu doyen du Sacré Collège
19 janvier 2004	Débat avec Jürgen Habermas

5 juin 2004	Discours de Caen (60ᵉ anniversaire du Débarquement)
24 février 2005	Représente le pape aux obsèques de Luigi Guissani
25 mars 2005	Méditations du Chemin de Croix au Colisée
1ᵉʳ avril 2005	Reçoit le prix « Saint-Benoît » à Subiaco
2 avril 2005	Mort de Jean-Paul II

18-19 avril 2005	**Conclave – élection de Benoît XVI**

24 avril 2005	Messe d'intronisation du nouveau pape
6 mai 2005	Message à l'Eglise réformée de France
13 mai 2005	Annonce du procès en béatification de Jean-Paul II
29 mai 2005	Voyage à Bari
24 juin 2005	Visite au président italien Ciampi
11-28 juillet 2005	Premières vacances dans le Val d'Aoste
19-21 août 2005	Visite à Cologne (JMJ)
24 septembre 2005	Rencontre avec Hans Küng
16 octobre 2005	Interview à la télévision polonaise
2-23 octobre 2005	Synode des évêques sur l'Eucharistie
8 décembre 2005	40ᵉ anniversaire de la fin du concile Vatican II
24 janvier 2006	Publication de l'encyclique *Deus caritas est*

Bibliographie

PRINCIPAUX OUVRAGES DE JOSEPH RATZINGER

Nota : L'ordre chronologique des ouvrages ci-dessous est celui de leur publication en langue française. Il ne correspond pas à la chronologie de leur publication initiale en langue allemande ou, sur la fin, en langue italienne.

Frères dans le Christ. Cerf, 1962 (rééd. 2005).
La Foi chrétienne, hier et aujourd'hui. Cerf, 1969 (rééd. 2005).
Le Nouveau Peuple de Dieu. Aubier, 1971.
Démocratisation dans l'Eglise ? Sherbrooke, 1973.
Le Dieu de Jésus-Christ (Méditations sur Dieu-Trinité). Communio/Fayard, 1977 (rééd. 1998).
L'Unité de la foi et le pluralisme théologique. CLD, 1978.
Je crois (ouvrage collectif). Lethielleux, 1978.
La Mort et l'au-delà. Communio/Fayard, 1979 (rééd. 1994).
Vivre sa foi. Mame, 1981.
Instruction sur quelques aspects de la théologie de la libération. Tequi, 1984.
Les Principes de la théologie catholique (esquisse et matériaux). Téqui, 1985.
La Célébration de la foi (Essai sur la théologie du culte divin). Téqui, 1985.
Entretiens sur la foi (avec Vittorio Messori). Fayard, 1985.
Au commencement, Dieu créa le ciel et la terre (Quatre sermons

de Carême à Munich sur la création et la chute). Fayard, 1986.

Le Ressuscité (Retraite au Vatican). Desclée de Brouwer, 1986.

Eglise, œcuménisme et politique. Fayard, 1987.

La Théologie de l'histoire de saint Bonaventure. PUF, Théologiques, 1988.

Marie, première Eglise (avec Hans Urs von Balthasar). Mediaspaul, 1981 (rééd. 1998).

Serviteurs de votre joie. Fayard, 1990.

Eglise et théologie. Mame, 1992.

Regarder le Christ (Exercices de foi, d'espérance et d'amour). Fayard, 1992.

Appelés à la communion (Comprendre l'Eglise aujourd'hui). Fayard, 1993.

La Mort et l'au-delà (Court traité d'espérance chrétienne). Fayard, 1994.

Petite introduction au catéchisme de l'Eglise catholique. Cerf, 1995.

Un chant nouveau pour le Seigneur (La foi dans le Christ et la liturgie aujourd'hui). Desclée/Mame, 1995.

Un tournant pour l'Europe ? (Diagnostics et pronostics sur la situation de l'Eglise et du Monde). Flammarion/Saint-Augustin, 1996.

Le Sel de la terre (entretiens avec Peter Seewald). Flammarion/Cerf, 1997 (rééd. 2005).

Principes d'éthique chrétienne. Lethielleux, 1998.

Ma vie. Souvenirs (1927-1977). Fayard, 1998.

L'Unique Alliance de Dieu et le pluralisme des religions. Parole et Silence, 1999.

Jean-Paul II : vingt ans dans l'Histoire. Bayard Editions/Centurion, 1999.

Vivre avec l'Eglise (avec Karl Lehmann). Lethielleux/Chelins de Crète, 2000.

L'Esprit de la liturgie. Ad Solem, 2001.

Voici quel est notre Dieu (conversations avec Peter Seewald). Plon/Mame, 2001.

La Fille de Sion. Parole et Silence/Cahiers de l'Ecole cathédrale, 2002.

Faire route avec Dieu (L'Eglise comme communion). Parole et Silence, 2003.

Dieu nous est proche (L'Eucharistie au cœur de l'Eglise). Parole et Silence, 2003.

Chemins vers Jésus. Parole et Silence, 2004.

La Collaboration de l'homme et de la femme. Salvator, 2004.

Les Fondements prépolitiques de l'Etat démocratique (Dialogue avec Jürgen Habermas). *Esprit,* juillet 2004.

Foi, vérité, tolérance (Le christianisme et la rencontre des religions). Parole et Silence, 2005.

Valeurs pour un temps de crise. Parole et Silence, 2005.

L'Europe : ses fondements, aujourd'hui et demain. Editions Saint-Augustin, 2005.

Est-ce que Dieu existe ? (Dialogue avec Paolo Flores d'Arcais). Payot, 2006.

OUVRAGE DU PAPE BENOÎT XVI

Dieu est Amour (encyclique du 25 janvier 2006).

OUVRAGES SUR JOSEPH RATZINGER

CHELINI Jean, *Benoît XVI, l'héritier du Concile.* Hachette Littératures, 2005.

COLONNA CESARI Constance, *Benoît XVI, les clefs d'une vie.* Philippe Rey, 2005.

DUQUESNE Jacques et ZIZOLA Giancarlo, *Benoît XVI ou le Mystère Ratzinger.* Desclée de Brouwer/Seuil, 2005.

GUÉNOIS Jean-Marie, *Benoît XVI, le pape qui ne devait pas être élu.* J.-C. Lattès, 2005.

KUBLER Michel, *Benoît XVI, pape de contre-réforme ?* Bayard/La Croix, 2005.

LEBEC Eric, *Benoît XVI, les défis d'un pape.* L'Archipel, 2005.

PENANSTER, Alain de, *Benoît XVI et les sept legs.* CLD Editions, 2005.

PLUNKETT Patrice (de), *Benoît XVI et le plan de Dieu.* Presses de la Renaissance, 2005.

ROLLET Jacques, *Le Cardinal Ratzinger et la théologie contemporaine.* Cerf, 1987.

TERRAS Christian (avec Romano Libero), *Le Pape Ratzinger : l'héritier intransigeant.* Golias, 2005.

TORNIELLI Andrea, *Benoît XVI, la biographie.* Citadelle, 2005.

WATTS Greg, *Benoît XVI, son histoire.* Salvator, 2005.

Table

La photocomposition de cet ouvrage
a été réalisée par
GRAPHIC HAINAUT
59163 Condé-sur-l'Escaut

Cet ouvrage a été imprimé par la
SOCIÉTÉ NOUVELLE FIRMIN-DIDOT
Mesnil-sur-l'Estrée
pour le compte des Éditions Perrin
76, rue Bonaparte
Paris 6ᵉ
en mars 2006

Imprimé en France
Dépôt légal : mars 2006
N° d'édition : 2109 – N° d'impression : 78585